POLYGLOTT zu Fuß entdecken

Berlin

Erkunden Sie zu Fuß Ihre Lieblingsstadt mit allen ihren Facetten und verborgenen Winkeln. Jede Tour lässt Sie überraschende Eindrücke sammeln und Altbekanntes neu genießen.

Meine Reise – meine APP!

Mit der kostenfreien POLYGLOTT-App können Sie auf Ihren Touren eigene Entdeckungen mit Fotos, Adresse und Anmerkungen festhalten und mit anderen teilen. Plus: digitale Postkarten und Slide-Show-Funktion.

www.polyglott.de/meineapp

ZEICHENERKLÄRUNG

POLYGLOTT-Touren
Die Touren leiten von einer Station des öffentlichen Nahverkehrs, Bus, Ⓢ und Ⓤ, zu einer anderen – Parkplatzsuche überflüssig.

Wann

Sie sind viel im Freien unterwegs – am schönsten bei Sonnenschein

Überwiegend im Inneren – macht auch bei Regen Spaß

Am schönsten in der Abenddämmerung und danach

Dauer · Distanz

Ein Spaziergang von bis zu zwei Stunden zu schönen und interessanten Orten

Ein Spaziergang mit Sehenswürdigkeiten, der einen halben Tag dauert

Ein ganztägiger Spaziergang

Top-12-Highlights
Herausragende Sehenswürdigkeiten sind mit Stern gekennzeichnet.

Lieblinge der Autorin
sind mit Herz markiert.

Mal Pause machen
Kleine Auszeit in der Tour

Preiskategorien

Hotel (DZ inkl. Frühstück):

€€€	ab 200 €
€€	bis 200 €
€	bis 100 €

Restaurant (Hauptgericht):

€€€	ab 25 €
€€	bis 25 €
€	bis 15 €

INHALT SEITE

DIE TOUREN IM ÜBERBLICK

DAS IST MEIN BERLIN

Ortrun Egelkraut

Ist freie Journalistin, Redakteurin und Reisebuchautorin in Berlin. In ihrer Stadt sind Museen und Theater, preußische Schlösser und Gärten ihr ständiges Einsatzgebiet.

Das kennt wohl jeder: Es gibt Dinge, die macht man in der eigenen Stadt nur, wenn Besuch kommt – klassische Sehenswürdigkeiten besichtigen zum Beispiel, oder wenn man Reiseführer schreibt. Der normale Alltag lässt für touristische Erkundungen nicht viel Zeit. Dennoch steckt man auch im täglichen Leben mittendrin in dieser bunten, vielfältigen, sich ständig verändernden Stadt. Bei fast jedem Spaziergang entdecke ich wieder Neues und vermisse häufig dabei auch Altes. Doch gerade diese Dynamik macht Berlin so lebenswert.

Wenn man in Berlin wohnt, feiert man nicht jede Nacht eine Party, verfällt nicht jeden Tag in einen Kaufrausch, manchmal verpasst man sogar eine sehenswerte Ausstellung. Aber es ist gut zu wissen, dass all dies da ist, dass man jederzeit ins Theater oder in ein Konzert gehen kann. Halt: Vieles davon ist so gefragt, dass man unbedingt planen – und lange vorher Tickets besorgen muss.

Der Überfluss an Kultur zog mich zum Studium nach West-Berlin. Danach wollte ich nicht mehr weg. Ich liebe es, einfach durch die Stadt zu laufen. Zwölf Bezirke, 890 km² Fläche – da kennen auch Langzeit-Berliner nicht alles. Deshalb ist es gut, wenn mal wieder Besuch kommt: Raus aus dem Kiez und die Stadt neu erkunden. Kommen Sie mit!

MEINE LIEBLINGE

Hier schlägt das Herz der Autorin höher

1 **Bunt, schräg, spielfreudig und wunderbare Stimmen:** Die Komische Oper nimmt ihren Namen ernst (www.komische-oper-berlin.de). › S. 13

2 **Bei Vanille & Marille gibt es das beste Eis Berlins:** In Kreuzberg (Hagelberger Str. 1) sowie in Schöneberg, Steglitz und Tempelhof. Die provisorischen Bänke vor der Tür nimmt man gern in Kauf (www.vanille-marille.de). › S. 57

3 **Tschüss Großstadt** Auf der Pfaueninsel kann man sich zwischen romantischen Schlossbauten zurück ins 19. Jh. träumen und die paradiesische Natur genießen. › S. 98

4 **Am schönsten ist der Botanische Garten,** wenn Kirschbäume und Magnolien blühen und Narzissen gelbe und weiße Farbtupfer in grüne Wiesen setzen (Eingang: Steglitz, Königin-Luise-Platz und Unter den Eichen 5–10, www.botanischer-garten-berlin.de).

5 **Trattoria del Corso** Fast wie in Italien: bodenständige Gerichte wie bei »La Mamma«, gut gelaunte, freundliche Kellner, charmanter Vorgarten – und immer gut besucht (Friedenau, Hauptstraße 70, www.trattoriadelcorso.de).

6 **Zeit(ge)schichten aus 350 Jahren** Königin Elisabeth Christine verbrachte im Schloss Schönhausen viele Sommer ohne ihren Gemahl Friedrich den Großen; die DDR machte es erst zum Regierungssitz, dann zum Staatsgästehaus; heute ist es Museumsschloss (www.spsg.de/schloesser-gaerten/objekt/schloss-schoenhausen/).

TOP-12-HIGHLIGHTS

Die wichtigsten Sehenswürdigkeiten auf einen Blick

1 **Brandenburger Tor** Wahrzeichen der Teilung und Symbol des wiedervereinten Berlins. › S. 10

2 **Deutsches Historisches Museum** 2000 Jahre deutsche Geschichte in Bildern, Zeugnissen und Filmen. › S. 12

3 **Museumsinsel** 6000 Jahre Kunst und Kultur auf Berlins Weltkulturerbe-Insel. › S. 14

4 **Gendarmenmarkt** Der schönste Platz der Stadt gilt als historische Mitte Berlins. › S. 28

5 **Potsdamer Platz** Hier schlägt das Herz der neuen Berliner Mitte. › S. 30

6 **Gemäldegalerie am Kulturforum** Gipfeltreffen der alten Meister, u. a. Dürer, Tizian, Caravaggio, Rembrandt. › S. 31

7 **Holocaust-Mahnmal** Das beeindruckende Stelenlabyrinth gemahnt an die ermordeten Juden Europas. › S. 35

8 **Reichstag** Von der gläsernen Kuppel Norman Fosters hat man beste Rundumsicht. › S. 35

9 **Die City-West mit Kudamm,** KaDeWe, Gedächtniskirche – muss man gesehen haben. › S. 42

10 **Schloss Charlottenburg** Berlins größtes erhaltenes Residenzschloss der Hohenzollern. › S. 47

11 **Gedenkstätte Berliner Mauer** Sie erinnert an die deutsche Teilung. › S. 71

12 **Schloss Sanssouci, Potsdam** Wo Friedrich der Große »ohne Sorgen« lebte. › S. 111

Tour 1

Brandenburger Tor und Unter den Linden

Pariser Platz › Brandenburger Tor › Bebelplatz › Staatsoper › Zeughaus › Deutsches Historisches Museum › Schlossplatz

Start: Ⓢ/Ⓤ Brandenburger Tor (Bus 100, TXL, S/U-Bahn)
Ziel: Schlossplatz (Bus 100, 200)
Wann: bei trockenem Wetter
Distanz: 2,5 km

1,5 Kilometer, die es in sich haben: Berlins berühmter Boulevard ist zwar wegen des U-Bahn-Baus streckenweise Baustelle, doch macht ein Spaziergang mit wichtigen historischen Etappen vertraut. Das preußische Zeitalter steht dabei im Mittelpunkt.

Brandenburger Tor

Berlins gute Stube ist der **Pariser Platz** 1. Das Wahrzeichen der wiedervereinigten Stadt – das **Brandenburger Tor** 1 – erhebt sich an der Westseite, gerahmt von repräsentativen Bauten, alle in Anlehnung an historische Vorbilder nach dem Mauerfall errichtet. Neben dem Tor steht an der Stelle, an der der Maler wohnte, das **Max-Liebermann-Haus.** Es folgen auf der Nordseite das Restaurant Tucher am Tor (€€), das Allianz Forum Berlin, Sitz der Allianz Kulturstiftung, die auch zu öffentlichen Veranstaltungen einlädt, und die Französische Botschaft.

Neben der US-amerikanischen Botschaft auf der Südwestseite liegt das Verwaltungsgebäude der **DZ-Bank** von Frank O. Gehry, in dessen spektakuläres Atrium man einen Blick werfen sollte. In der benachbarten **Akademie der Künste** finden hinter der gläsernen Fassade wechselnde Veranstaltungen statt (Buchverkauf). Das wieder aufgebaute legendäre Hotel **Adlon Kempinski** 2 (s. Hotels, S. 131) glänzt in alter Pracht. In der Wilhelmstraße macht die **Britische Botschaft** farbig auf sich aufmerksam.

Atrium der DZ-Bank

Diese Kreuzung ist Auftakt der Allee **Unter den Linden,** ursprünglich ein Reitweg vom Hohenzollernschloss in das Jagdrevier Tiergarten. 1647 ließ der Große Kurfürst die ersten Lindenbäume pflanzen. Auf dem Mittelstreifen – soweit nicht durch den U-Bahn-Bau beeinträchtigt – lässt es sich angenehm flanieren, Straßencafés sind nie weit. Rechts breitet sich die imposante **Russische Botschaft** 3 aus, links geht die Schadowstraße ab. Das 200 Jahre alte klassizistische **Haus Nr. 10/11** 4 bewohnte der Bildhauer Johann Gottfried Schadow. Wieder Unter den Linden findet man alles, was man über Berlin nachlesen will, bei **Berlin Story** (s. Shopping, S. 141). Die Friedrichstraße ist einen eigenen Spaziergang wert.

An der Charlottenstraße im Gebäude der Deutschen Bank präsentiert die **Deutsche Bank KunstHalle** 5 internationale junge Künstler und Ausstellungen aus der eigenen Sammlung. Die linke Straßenseite wird bis zur Universitätsstraße beherrscht von der **Staatsbibliothek** 6 (1903–14, bis Ende der Sanierung Eingang an der Dorotheenstraße). Von hier an geben sich »Die Linden« friderizianisch. Friedrich der Große reitet in der Mitte auf dem **Standbild** 7 von Daniel Rauch. Die **Humboldt-Universität** belegt die Räume des früheren Prinz-Heinrich-Palais. Der **Bebelplatz** 8 zwischen der Alten Bibliothek, wegen ihrer geschwungenen Form »Kommode« genannt, und der Staatsoper war 1933 Schauplatz der Bücherverbrennung. Leere Bücherregale unter einem Glasfenster im Boden erinnern an diesen barbarischen Akt. Im Süden wird der Platz vom luxuriösen **Hotel De Rome** (s. Hotels, S. 132) abgeschlossen, einst Stammsitz der Dresdner Bank. Daneben zeugt die katholische **Hedwigskathedrale** von der sprichwörtlichen Toleranz im protestantischen Preußen.

Verborgen hinter Bauplanen wird die **Staatsoper Unter den Linden** 9, 1742 eröffnet und nach dem Zweiten Weltkrieg wieder aufgebaut, seit Jahren saniert und modernisiert.

Schräg gegenüber liegt das Kastanienwäldchen mit **Schinkels Alter Wache** 10, heute Gedenkstätte, an dessen nördlichem Ende sich das Palais am Festungsgraben und das Gorki-Theater verbergen. Rechts daneben fasziniert das gläserne Treppenhaus, der Eingang zum **Pei-Bau** 11, den sich das **Deutsche Historische Museum (DHM)** 2 von Stararchitekt Ieoh Ming Pei für Wechselausstellungen errichten ließ. Im Hauptgebäude, dem barocken **Zeughaus** 12, lädt das DHM zu einem Gang durch 2000 Jahre deutsche Geschichte ein.

MAL PAUSE MACHEN

Im stilvollen Kaffeehausambiente oder auf der Terrasse am Spreeufer: Im **Café im Deutschen Historischen Museum** gibt es Frühstück, Lunch und köstliche Torten.

Die **Schlossbrücke** ist wie die **Friedrichswerdersche Kirche** 13 und die Bauakademie davor ein Werk Karl Friedrich Schinkels. Sie führt direkt zum **Schlossplatz** 14. Über seine wechselvolle Geschichte und die Bebauung, vom Schloss der Hohenzollern über den Palast der Republik bis zum künftigen Humboldt-Forum (der Rohbau ist 2015 fertig), informiert die **Humboldt-Box** mit Aussichtsplattform.

Touren im Anschluss: 2, 3

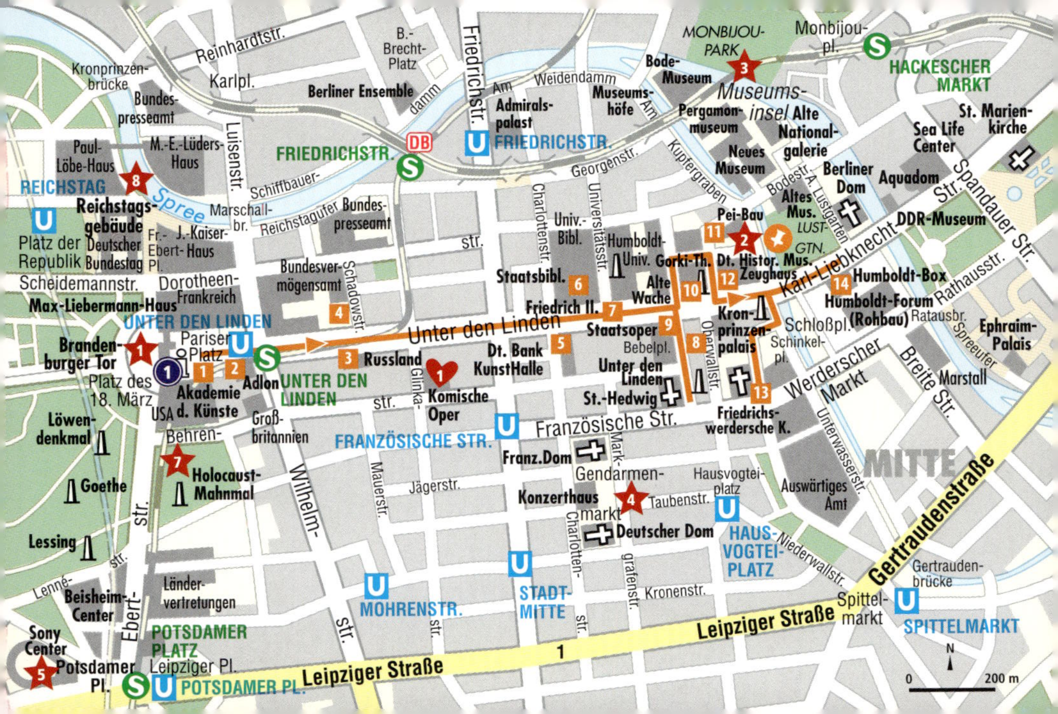
Reinhardtstr.
Karlpl.
Kronprinzenbrücke
Bundespresseamt
B.-Brecht-Platz
Berliner Ensemble
Friedrichstr.
Am Weidendamm
Admiralspalast
FRIEDRICHSTR.
Museumshöfe
Am Kupfergraben
MONBIJOU-PARK
Monbijoupl.
HACKESCHER MARKT
Bode-Museum
Museumsinsel
Pergamonmuseum
Alte Nationalgalerie
Neues Museum
St. Marienkirche
Sea Life Center
Aquadom
Berliner Dom
Spandauer Str.
DDR-Museum
Paul-Löbe-Haus
M.-E.-Lüders-Haus
REICHSTAG
Spree
Reichstagsgebäude
Platz der Republik
Deutscher Bundestag
Fr.-Ebert-Pl.
J.-Kaiser-Haus
Marschallbr.
Schiffbauerdamm
Reichstagufer
Bundespresseamt
Luisenstr.
Georgenstr.
Charlottenstr.
Universitätsstr.
Univ.-Bibl.
Humboldt-Univ.
Gorki-Th.
Pei-Bau
Altes Mus.
Bodestr.
A. Lustgarten
LUST-GTN.
Dt. Histor. Mus.
Zeughaus
Karl-Liebknecht-Str.
Humboldt-Box
Humboldt-Forum (Rohbau)
Rathausstr.
Rataustr.
Spreeufer
Ephraim-Palais
Scheidemannstr.
Dorotheenstr.
Frankreich
Max-Liebermann-Haus
UNTER DEN LINDEN
Bundesvermögensamt
Schadowstr.
Staatsbibl.
Friedrich II.
Alte Wache
Unter den Linden
Staatsoper
Bebelpl.
Oberwallstr.
Kronprinzenpalais
Schloßpl.
Schinkelpl.
Werderscher Markt
Breite Str.
Marstall
Brandenburger Tor
Pariser Platz
Platz des 18. März
Adlon
Russland
Dt. Bank KunstHalle
Unter den Linden
St.-Hedwig
Friedrichswerdersche K.
USA
Akademie d. Künste
Behrenstr.
Glinkastr.
Komische Oper
Großbritannien
FRANZÖSISCHE STR.
Französische Str.
Unterwasserstr.
MITTE
Löwendenkmal
Goethe
Holocaust-Mahnmal
Wilhelmstr.
Mauerstr.
Jägerstr.
Franz.Dom
Gendarmenmarkt
Markgrafenstr.
Hausvogteiplatz
Konzerthaus
Taubenstr.
Deutscher Dom
Auswärtiges Amt
HAUSVOGTEI-PLATZ
Niederwallstr.
Gertraudenstraße
Gertraudenbrücke
Lessing
Lennéstr.
Beisheim-Center
Ländervertretungen
Ebertstr.
MOHRENSTR.
STADTMITTE
Charlottenstr.
Kronenstr.
Spittelmarkt
SPITTELMARKT
Sony Center
Potsdamer Pl.
POTSDAMER PLATZ
Leipziger Pl.
POTSDAMER PL.
Leipziger Straße
1
N
0
200 m

Tour 2

Rund um die Museumsinsel ★3

Schlossplatz › Lustgarten › Berliner Dom › Altes Museum › Alte Nationalgalerie › Neues Museum › Pergamonmuseum › Bode-Museum › Monbijou-Park › Hackescher Markt

Start:	Schlossplatz/Lustgarten (Bus 100, 200, TXL)
Ziel:	Ⓢ Hackescher Markt (S 5, 7, 75), Ⓤ Weinmeisterstraße (U 8)
Wann:	jederzeit, Do und Sa Wochenmarkt auf dem Hackeschen Markt
Distanz:	1,5 km

Der Weg ist kurz, dafür kann der Aufenthalt umso länger ausfallen: Die Sammlungen der fünf Museumshäuser reichen von archäologischen Schätzen bis zur Kunst des 19. Jhs. Zum Ausklang lockt der Szenetreff rund um den Hackeschen Markt.

Berliner Dom

Auf ins Museum: Wer Durchhaltevermögen hat, kann den ganzen Tag auf der Museumsinsel verbringen, die zum UNESCO-Weltkulturerbe gehört. Täglich haben das Neue Museum und das Pergamonmuseum geöffnet; die anderen sind montags geschlossen. Alle Museen auf der Insel heißen die Besucher donnerstags bis 20 Uhr willkommen.

Die Museumsinsel nimmt nur den nordwestlichen Teil der Spreeinsel ein, die südöstlich der Gertraudenstraße endet.

Ausgangspunkt zu diesem Rundgang ist der **Lustgarten** 1. Die Ostseite dominiert der monumentale **Berliner Dom** 2, der auf Wunsch Kaiser Wilhelms II. zum Paradebeispiel des prunkvoll überladenen »Wilhelminismus« wurde. Das Gotteshaus ist auch Konzertsaal und Museum. Sehenswert sind vor allem das Kaiserliche Treppenhaus, die Große Sauerorgel, die Hohenzollerngruft und die Mosaiken in der Kuppel, die erst vor wenigen Jahren in mühsamer Puzzlearbeit rekonstruiert wurden. Der Aufstieg in der Kuppel zur Aussichtsplattform ist möglich, die Sicht grandios.

MAL PAUSE MACHEN

Im **Lustgarten vor dem Alten Museum** auf der Liegewiese mit Springbrunnen oder auf einer Bank einfach mal die Beine ausstrecken. Picknick erlaubt.

Der Lustgarten wurde ursprünglich von Karl Friedrich Schinkel gestaltet, er war auch Architekt des **Alten Museums** 3. Das klassizistische Gebäude gibt heute mit Schätzen griechischer, römischer und etruskischer Kunst Einblicke in »Antike Welten«.

Die an einen griechischen Tempel erinnernde **Alte Nationalgalerie** 4 bewahrt eine einzigartige Sammlung an Gemälden und Skulpturen des 19. Jhs. mit Meisterwerken von Caspar David Friedrich, Adolph Menzel, Max Liebermann, Schadow und Schinkel oder französischer Impressionisten wie Monet, Degas, Renoir. Der Platz zwischen Kolonnaden und dem Reiterstandbild Friedrich Wilhelms IV. wurde als zauberhafter Gartenhof nach historischem Vorbild neu gestaltet.

Das wieder aufgebaute **Neue Museum,** eine grandios geglückte Verbindung alter Bausubstanz mit neuen Materialien, beherbergt das Ägyptische Museum mit **Nofretete** als Highlight sowie das Museum für Vor- und Frühgeschichte und Objekte der Antikensammlung (Zeitfenster-Ticket empfohlen). Der Eingang zum **Pergamonmuseum** 5 liegt am hinteren Ende des Kolonnadenhofs. Zwar ist die Hauptattraktion der archäologischen Sammlungen, der 2200 Jahre alte Pergamonaltar wegen Sanie-

Pergamonmuseum

rung nicht zu sehen, doch lohnt neben anderen Schätzen vor allem das Ischtar-Tor aus 20000 blau glasierten Ziegeln am Ende der prächtigen Prozessionsstraße von Babylon den Besuch. Außerdem zeigt hier das Museum für Islamische Kunst Kostbarkeiten der islamischen Völker vom 8. bis ins 19. Jh. Das **Bode-Museum** 6 am nördlichen Ende der Museumsinsel zieht mit einer glanzvollen Präsentation der Skulpturensammlung, der Byzantinischen Kunst und herausragenden Schätzen im Münzkabinett die Besucher an.

Die Fußgängerbrücke über die Spree endet im **Monbijou-Park** 7. Im Sommer sind die Liegestühle der **Strandbar Mitte** heiß begehrt (s. Nightlife, S. 149). Im Open-Air-Amphitheater nebenan bringt das Hexenkessel Hoftheater Komödienklassiker in rasanten Neuinszenierungen auf die Bretterbühne. Im Park gibt es noch Liegewiesen, Spielplätze und ein Kinderbad. In den S-Bahn-Bögen, die den Park durchziehen, haben sich Kneipen und Läden angesiedelt.

Noch größer ist die Restaurant-, Bar- und Kneipendichte zwischen **Hackeschem Markt** 8 und **Hackeschen Höfen.** Die Gegend ist nicht nur am Abend Szenetreff, auch tagsüber locken Cafés und Restaurants – weniger touristisch das **Típica** in der Nähe (s. Restaurants, S. 138) – sowie eine Vielzahl an Galerien und Läden mit ausgefallenen Modeideen. Der Wochenmarkt auf dem Hackeschen Markt ist Do (9–18 Uhr) und Sa (10–18 Uhr).

Monbijou-Park

Touren im Anschluss: 3, 4

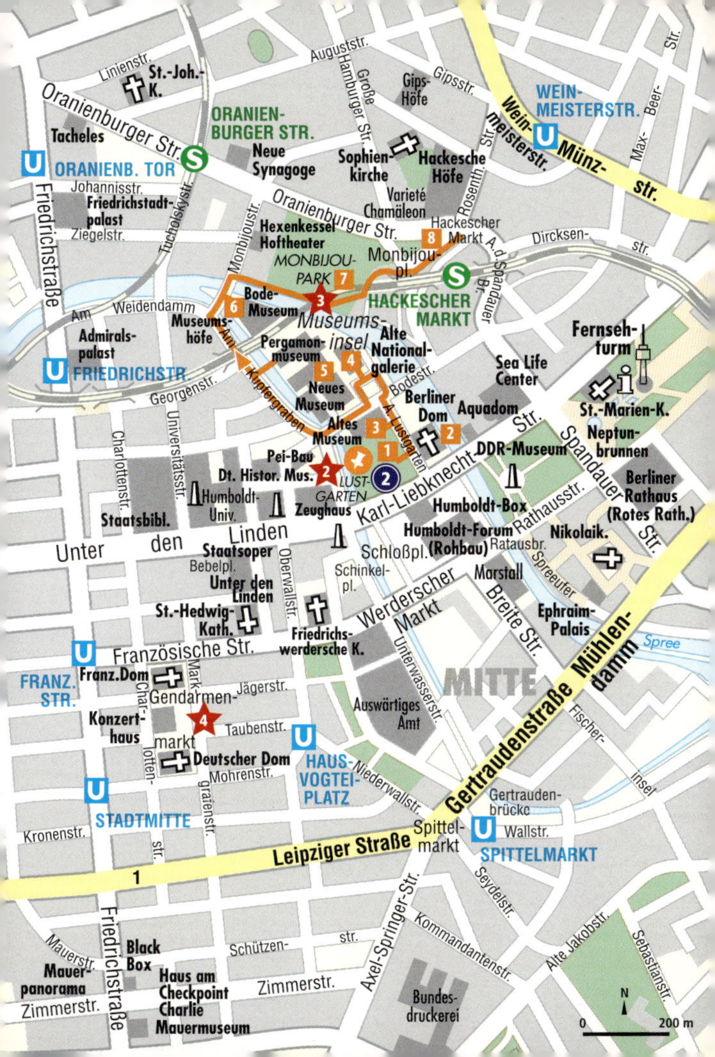

Linienstr.
St.-Joh.-K.
Oranienburger Str.
ORANIEN-BURGER STR.
Tacheles
ORANIENB. TOR
Neue Synagoge
Augustsr.
Große Hamburger Str.
Gips-Höfe
Gipsstr.
WEIN-MEISTERSTR.
Weinmeisterstr.
Münzstr.
Max-Beer-Str.
Sophienkirche
Hackesche Höfe
Rosenth. Str.
Varieté Chamäleon
Johannisstr.
Friedrichstadtpalast
Ziegelstr.
Tucholskystr.
Friedrichstraße
Monbijoustr.
Hexenkessel Hoftheater
MONBIJOU-PARK
Hackescher Markt
Monbijoupl.
Dircksenstr.
A. d. Spandauer Br.
HACKESCHER MARKT
Bode-Museum
Museumshöfe
Am Weidendamm
Admiralspalast
FRIEDRICHSTR.
Museumsinsel
Pergamonmuseum
Alte Nationalgalerie
Fernsehturm
Sea Life Center
Am Kupfergraben
Georgenstr.
Neues Museum
Bodestr.
Berliner Dom
Aquadom
St.-Marien-K.
Altes Museum
Am Lustgarten
Neptunbrunnen
Karl-Liebknecht-Str.
Spandauer Str.
DDR-Museum
Pei-Bau
Dt. Histor. Mus.
LUSTGARTEN
Charlottenstr.
Universitätsstr.
Humboldt-Univ.
Zeughaus
Humboldt-Box
Rathausstr.
Berliner Rathaus (Rotes Rath.)
Staatsbibl.
Unter den Linden
Staatsoper
Bebelpl.
Oberwallstr.
Schinkelpl.
Schloßpl.
Humboldt-Forum (Rohbau)
Rathausbr.
Nikolaik.
Spreeufer
Marstall
Breite Str.
Werderscher Markt
St.-Hedwig-Kath.
Friedrichswerdersche K.
Ephraim-Palais
Spree
Französische Str.
Franz.Dom
FRANZ. STR.
Markgrafenstr.
Charlottenstr.
Gendarmenmarkt
Jägerstr.
Konzerthaus
Taubenstr.
Unterwasserstr.
MITTE
Mühlendamm
Gertraudenstraße
Auswärtiges Amt
HAUSVOGTEIPLATZ
Deutscher Dom
Mohrenstr.
Niederwallstr.
Fischerinsel
STADTMITTE
Gertraudenbrücke
Kronenstr.
Spittelmarkt
Wallstr.
SPITTELMARKT
Leipziger Straße
1
Seydelstr.
Axel-Springer-Str.
Kommandantenstr.
Alte Jakobstr.
Sebastianstr.
Mauerstr.
Black Box
Schützenstr.
Mauerpanorama
Haus am Checkpoint Charlie Mauermuseum
Zimmerstr.
Bundesdruckerei
N
0
200 m

Tour 3

Durchs Nikolai-Viertel

Rotes Rathaus › Marx-Engels-Forum › Nikolai-Viertel › Mühlendammschleuse › Fischerinsel › Märkisches Ufer › Historischer Hafen › Märkisches Museum

Start: Ⓢ/Ⓤ/Tram Berliner Rathaus, Ⓢ/Ⓤ/Tram/Bus Alexanderplatz (S 5, 7, 75; U 2, 5, 8; Tram M 4, 5, 6; Bus M 48, 100, 200, TXL)
Ziel: Ⓤ Märkisches Museum (U 2)
Wann: bei schönem Wetter; Museumsbesuche auch bei Regen
Distanz: 3 km

Der kurze Spaziergang vom Nikolai-Viertel, dem ursprünglichen Berlin, zur Fischerinsel, dem einstigen Cölln, wird zu einem Streifzug durch mehr als 775 Jahre Geschichte. Im Märkischen Museum kann die Spurensuche vertieft werden.

Rotes Rathaus

Berlin und Cölln hießen die Schwesternsiedlungen auf beiden Seiten der Spree, die sich 1307 vereinigten. Cölln besitzt die ältere Urkunde (1237) und bestimmte damit das Gründungsjahr der Stadt, die heute vom **Berliner Rathaus** 1 aus regiert wird. Wegen der roten Ziegel wird der Amtssitz des Regierenden Bürgermeisters auch Rotes Rathaus (1861–69) genannt. Vor dem Rathaus haben Archäologen ein Stück Mittelalter freigelegt, das künftig im neuen U-Bahnhof durch archäologische Fenster zu sehen sein soll. Jenseits der Spandauer Straße bewahrt das

Marx-Engels-Forum 2, eines der letzten Denkmäler aus DDR-Zeiten. Karl Marx und Friedrich Engels, beide überlebensgroß in Bronze gegossen, blicken über die Spree zum Schlossplatz, wo einst der Palast der Republik stand und derzeit das Humboldtforum entsteht. Bis zur geplanten Eröffnung 2019 gibt die Humboldt-Box Auskunft über Geschichte, Nutzung und Zukunft des Areals. Am Spreeufer gegenüber dem Dom hält das **DDR-Museum** auf unterhaltsam-informative Weise die Erinnerung an den ganz normalen Ost-Alltag wach. Südöstlich der Rathausstraße beginnt das in den 1980er-Jahren neu errichtete **Nikolai-Viertel** mit Souvenirgeschäften und Restaurants, von der deftigen Berliner Küche bei **Mutter Hoppe** (Rathausstraße 21, €) oder **Julchen Hoppe** (Nr. 25, €) bis zum edlen **Reinhard's** (Poststraße 28, €€) im 1920er-Jahre-Look. Das urige Alt-Berliner Restaurant **Gerichtslaube** ein paar Schritte weiter (auch Nr. 28, €) ist die Kopie der Gerichtslaube am Alten Berliner Rathaus. Ebenso eine Rekonstruktion ist das Gasthaus **Zum Nußbaum** (Am Nußbaum 3, €), in dem einst der Berliner Milljöh-Maler Heinrich Zille verkehrte. »Zille sein Milljöh« wird im **Theater im Nikolai-Viertel** besungen (Nikolaikirchplatz 5–7; Fr, Sa 19.30 Uhr).

Auf den originalen Feldsteingrundmauern von 1230 wieder aufgebaut wurde die **Nikolaikirche** 3, einschließlich der im 19. Jh. angefügten Türme. Die Dauerausstellung »Vom Baugrund bis zur Doppelspitze« erzählt mit originalen Exponaten und modernen Medien Geschichte(n) aus 800 Jahren. An die Stadtgründung (offiziell: 1237) erinnern der Wappenbrunnen und eine Gedenkplatte des Berliner Stadtsiegels vor der Kirche.

Blick auf die Nikolaikirche

Einblick in die Wohnkultur des Biedermeier gibt das **Knoblauch-Haus** 4 von 1759, das einzige Original-Bauwerk im Nikolai-Viertel; im Untergeschoss lädt die **Historische Weinstube** ab mittags ein. Durch die Propststraße – Nr. 11 beherbergt das **Zille-Museum** – erreicht man das Spreeufer mit der Skulptur des Heiligen Georg als Drachentöter, die einst vor dem Berliner Stadtschloss stand. Gleich daneben kann man im **Georgenbräu** (€) das klassische Berliner Duo Molle und Korn probieren.

Die gegenüberliegende Spreeseite dominiert der ehemalige **Marstall,** heute Musikhochschule. Dem Spreeufer folgend, gelangt man zum **Ephraim-Palais** 5. Der repräsentative Rokoko-Palast zeigt Ausstellungen des Stadtmuseums Berlin.

Wir überqueren den Mühlendamm, blicken auf die **Mühlendammschleuse** 6 und gehen eine Treppe hinunter an das südliche Ende der alten **Fischerinsel** mit Hochhäusern der 1970er-Jahre. An der Grünstraßenbrücke geht es über den Spreekanal, dann links in die **Wallstraße** mit restaurierten Geschäftshäusern der Gründerzeit. An der Fischerinselbrücke erreicht man das Märkische Ufer. Hier ist das **Ermelerhaus** 7 (Nr. 10) als klassizistisches Schmuckstück zu beachten, in dem das moderne Restaurant **Factory** (€€) bewusst Kontraste setzt, ebenso das damit verbundene **Art'otel Berlin Mitte.** Lastkähne liegen im **Historischen Hafen** 8 vor Anker und dienen als Kneipen- bzw. Museumsschiff. Das **Märkische Museum** 9 erzählt die Geschichte Berlins in vielen Kapiteln. Besonders sehenswert ist das große Stadtmodell: Berlin wie es einmal war.

MAL PAUSE MACHEN

Das **Restaurantschiff Deckshaus** im Historischen Hafen ist gut für einen kleinen deftigen Imbiss und ein kühles Getränk.
- Märkisches Ufer/ Inselstraße

Tour im Anschluss: Nr. 13

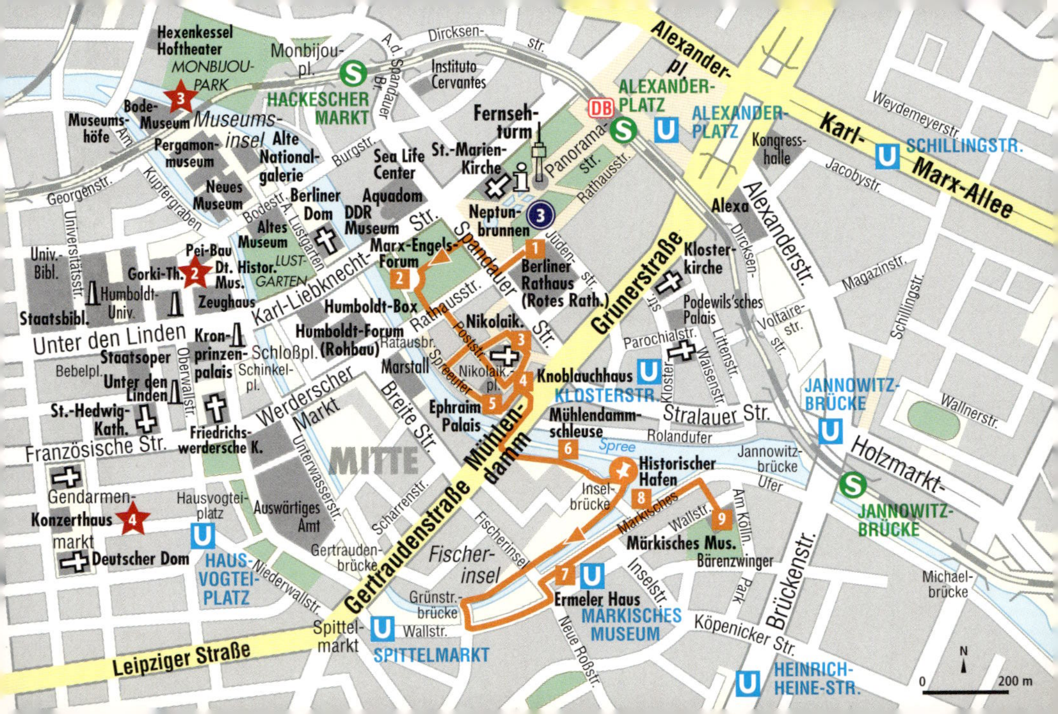

Hexenkessel Hoftheater
MONBIJOU-PARK
Monbijou-pl.
HACKESCHER MARKT
A.d. Spandauer Br.
Dircksen-str.
Instituto Cervantes
Alexander-pl
ALEXANDER-PLATZ
Karl-Marx-Allee
Weydemeyerstr.
SCHILLINGSTR.
Kongress-halle
Jacobystr.
Bode-Museum
Museums-höfe
Museums-insel
Pergamon-museum
Alte National-galerie
Neues Museum
Georgenstr.
Kupfergraben
Burgstr.
Sea Life Center
Aquadom
Fernseh-turm
St.-Marien-Kirche
Panorama-str.
Rathausstr.
Neptun-brunnen
Alexa
Alexanderstr.
Berliner Dom
DDR Museum
Bodestr.
A. Lustgarten
Altes Museum
LUST-GARTEN
Univ.-Bibl.
Universitätsstr.
Pei-Bau
Gorki-Th.
Dt. Histor. Mus.
Humboldt-Univ.
Zeughaus
Staatsbibl.
Karl-Liebknecht-Str.
Marx-Engels-Forum
Spandauer Str.
Jüden-str.
Berliner Rathaus (Rotes Rath.)
Grunerstraße
Kloster-kirche
Dircksen-str.
Magazinstr.
Schillingstr.
Podewils'sches Palais
Voltaire-str.
Parochialstr.
Littenstr.
Waisenstr.
Klosterstr.
Humboldt-Box
Rathausstr.
Nikolaik.
Poststr.
Unter den Linden
Kron-prinzen-palais
Humboldt-Forum (Rohbau)
Schloßpl.
Rataushr.
Spreeufer
Nikolaik.-pl.
Staatsoper
Bebelpl.
Oberwallstr.
Schinkel-pl.
Marstall
Knoblauchhaus
KLOSTERSTR.
JANNOWITZ-BRÜCKE
Wallnerstr.
Unter den Linden
Werderscher Markt
Ephraim Palais
Stralauer Str.
St.-Hedwig-Kath.
Friedrichs-werdersche K.
Breite Str.
Mühlendamm
Mühlendamm-schleuse
Rolandufer
Französische Str.
MITTE
Unterwasserstr.
Spree
Jannowitz-brücke
Ufer
Holzmarkt-
Historischer Hafen
Gendarmen-markt
Hausvogtei-platz
Auswärtiges Amt
Scharrenstr.
Fischerinsel
Insel-brücke
Märkisches
Wallstr.
Am Köln.
Konzerthaus
Gertrauden-brücke
Gertraudenstraße
Fischer-insel
Märkisches Mus.
Bärenzwinger
Michael-brücke
Deutscher Dom
HAUS-VOGTEI-PLATZ
Niederwallstr.
Inselstr.
Park
Brückenstr.
Grünstr.-brücke
Ermeler Haus
MÄRKISCHES MUSEUM
Spittel-markt
Wallstr.
SPITTELMARKT
Neue Roßstr.
Köpenicker Str.
Leipziger Straße
HEINRICH-HEINE-STR.
N
0
200 m

Tour 4

Jüdisches Leben und Hinterhofkultur

Alexanderplatz › Rosenstraße › Hackesche Höfe › Sophienstraße › Oranienburger Straße › Neue Synagoge › Auguststraße › Gipsstraße › Weinmeisterstraße

Start: Ⓢ/Ⓤ Alexanderplatz (S 5, 7, 75; U 2, 5, 8)
Ziel: Ⓤ Weinmeisterstraße (U 8); Verlängerung über Alte Schönhauser Allee, zum Ⓤ Rosa-Luxemburg-Platz (U 2) oder zum Ⓢ/Ⓤ Alexanderplatz
Wann: bei gutem Wetter; jüdische Einrichtungen sind Sa geschlossen; auch ideal als Nightlife-Tour
Distanz: 5,5 km

Zwischen Alexanderplatz und dem Oranienburger Tor, in der einstigen Spandauer Vorstadt, haben sich Zeugnisse jüdischen Lebens erhalten, sind Kunst und Kultur in Hinterhöfe eingezogen und steppt nachts der Bär in einem der lebendigsten Viertel Berlins.

Alexanderplatz

Der **Alexanderplatz** 1 ist wichtiger Verkehrsknotenpunkt, den täglich rund 350 000 Menschen passieren. Zur beliebten Shoppingadresse hat sich die glamourös gestaltete **Galeria Kaufhof** entwickelt; besonders verlockend ist die Gourmetabteilung. Durch den Bahnhof gelangt man zum **Fernsehturm** 2 und – Wartezeit nicht eingeschlossen – in 40 Sekunden mit dem Fahrstuhl in die Panoramaetage mit Bar in 203 m Höhe. Noch einmal vier Meter höher liegt das Drehrestaurant Sphere (€€). Sehenswert auf dem großen namenlosen Platz zwischen Rathausstraße und Karl-Liebknecht-Straße sind der **Neptunbrunnen** 3 von Reinhold Begas und die **St. Marienkirche** 4, eine der ältesten Kirchen der Stadt, zu deren Kunstschätzen im Innern das Fresko »Der Totentanz« aus dem 15. Jh. zählt.

Der Zugang zur **Rosenstraße** zwischen den Plattenbauten an der Karl-Liebknecht-Straße ist leicht zu übersehen. Eine Gedenktafel und ein Denkmal erinnern an die mutigen nicht-jüdischen Frauen, die hier 1943 erfolgreich gegen die Verhaftung ihrer jüdischen Männer und Kinder protestiert hatten.

Vorbei am Hackeschen Markt kommt man in die Rosenthaler Straße mit vielen Kneipen und schicken Läden und zu den **Hackeschen Höfen** 5. Das glanzvoll restaurierte architektonische Juwel des Jugendstils ist Tag und Nacht Anziehungspunkt. Die Wohn- und Gewerbehäuser werden belebt durch Kino und Varieté, Galerie, Buchladen, Boutiquen, Restaurants, Cafés und Bars. Originelle Souvenirs gibt es u. a. im **Ampelmann-Shop** (s. Shopping, S. 140).

Hackesche Höfe

In der schmalen **Sophienstraße** lohnt der Blick in weitere Innenhöfe: Die Sophiensæle in einem ehemaligen Handwerkervereinshaus sind Spielstätte für zeitgenössische Tanz- und Theaterproduktionen. An der Gestaltung der Sophie-Gips-Höfe mit ihrer Passage zur Linienstraße waren bildende Künstler beteiligt. In einem Dachgeschoss befindet sich hier die private Kunstsammlung Hoffmann (Besuch samstags nach Anmeldung, www.sammlung-hoffmann.de).

An der Gaststätte Sophieneck (€) trifft die Sophienstraße auf die **Große Hamburger Straße.** Gegenüber liegt das katholische St.-Hedwigs-Krankenhaus, ein paar Schritte weiter auf der linken Seite die ehemalige jüdische Knabenschule, die heute allen

Konfessionen offen steht. Ein Mahnmal an der begrünten Freifläche daneben erinnert daran, dass sich hier die Sammelstelle für Berliner Juden zur Deportation befand, ein einzelner Grabstein dahinter an den alten jüdischen Friedhof.

MAL PAUSE MACHEN

Auf einer Bank auf dem **alten jüdischen Friedhof** ist man meist (fast) allein und nicht nur in Gedanken weit weg vom Trubel.
- Große Hamburger Str. 26
  Mo–Do, So bis 17, Fr bis 14.30 Uhr

Die **Oranienburger Straße** ist mit ihren Restaurants, Bars und Galerien eine beliebte Ausgehmeile und auch ein Stück Rotlichtbezirk. Schon von Weitem sieht man die goldene Kuppel der **Neuen Synagoge** 6. Hinter der 1988 wieder aufgebauten Fassade und in einem angrenzenden Neubau lädt das **Centrum Judaicum** (Nr. 28–30) zu Ausstellungen ein. Das prächtige einstige Postfuhramt an der Ecke ist heute Firmensitz von Biotronik.

Entlang der **Auguststraße** finden sich weitere jüdische Einrichtungen, darunter die ehemalige Jüdische Mädchenschule (Nr. 11–13). Sie beherbergt das noble Restaurant **Pauly Saal** (s. Restaurants, S. 137) sowie ein Deli. In den oberen Etagen haben sich Galerien und das Museum **The Kennedys** eingerichtet. Internationale Bedeutung für zeitgenössische Kunst haben die **Kunst-Werke Berlin** 7 (Nr. 69). Schräg gegenüber liegt **Clärchens Ballhaus** (Nr. 24; s. Nightlife, S. 147), das seit über 100 Jahren zum Schwof bittet – mit lauschigem Biergarten.

Durch die Gipsstraße erreicht man den U-Bahnhof Weinmeisterstraße oder setzt den Spaziergang durch die **Alte Schönhauser Straße** 8 fort. Theaterinteressierte zieht es zur Volksbühne, Cineasten zum Kino Babylon – beides am **Rosa-Luxemburg-Platz**. Von da ist es nicht mehr weit zum Alexanderplatz.

Touren im Anschluss: 2, 3, 5

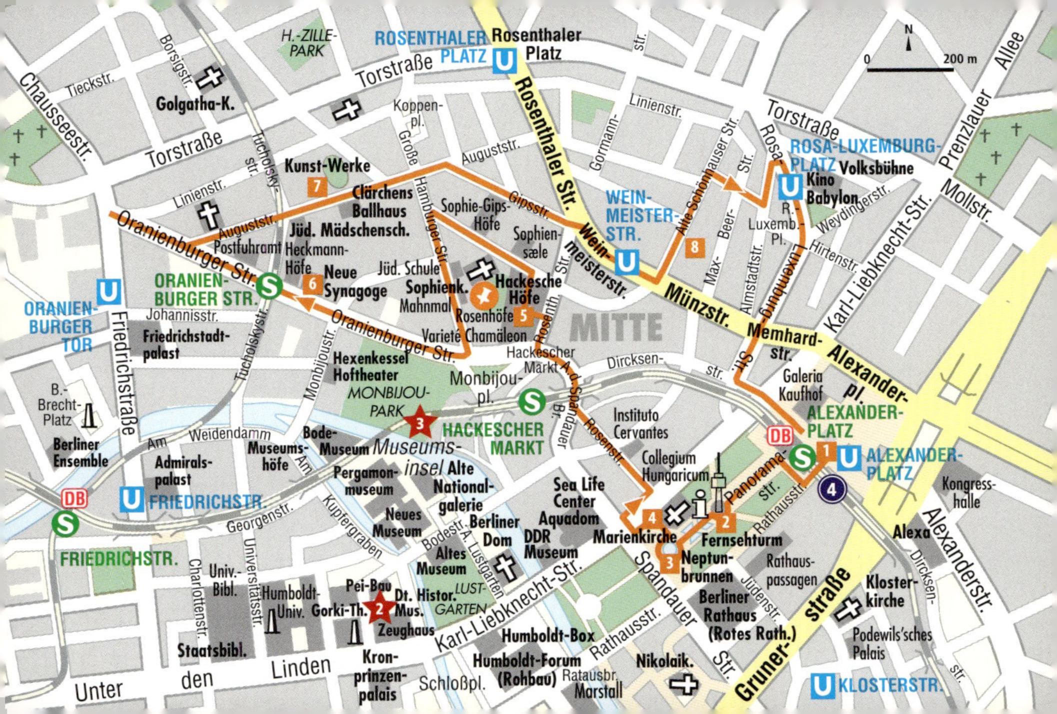

MITTE
ROSENTHALER PLATZ
Rosenthaler Platz
Rosenthaler Str.
Torstraße
Tieckstr.
Borsigstr.
Chausseestr.
Golgatha-K.
H.-ZILLE-PARK
Koppenpl.
Große Hamburger Str.
Auguststr.
Linienstr.
Gormannstr.
Tucholskystr.
Kunst-Werke
Clärchens Ballhaus
Jüd. Mädschensch.
Postfuhramt
Heckmann-Höfe
Neue Synagoge
Jüd. Schule
Sophienk.
Mahnmal
Sophie-Gips-Höfe
Gipsstr.
Sophiensæle
Hackesche Höfe
Rosenhöfe
Varieté Chamäleon
Rosenth. Str.
Oranienburger Str.
ORANIENBURGER STR.
ORANIENBURGER TOR
Johannisstr.
Friedrichstadtpalast
Friedrichstraße
Monbijoustr.
Hexenkessel Hoftheater
MONBIJOUPARK
Monbijoupl.
Hackescher Markt
HACKESCHER MARKT
A. d. Spandauer Br.
Dircksenstr.
WEINMEISTERSTR.
Weinmeisterstr.
Alte Schönhauser Str.
Max-Beer-Str.
Almstadtstr.
Münzstr.
Memhardstr.
Alexanderpl.
ROSA-LUXEMBURG-PLATZ
Rosa-Luxemburg-Str.
R.-Luxemb.-Pl.
Volksbühne
Kino Babylon
Weydingerstr.
Hirtenstr.
Karl-Liebknecht-Str.
Prenzlauer Allee
Mollstr.
0
200 m
N
B.-Brecht-Platz
Berliner Ensemble
Am Weidendamm
Admiralspalast
FRIEDRICHSTR.
Georgenstr.
Museumshöfe
Am Kupfergraben
Bode-Museum
Museumsinsel
Pergamonmuseum
Alte Nationalgalerie
Neues Museum
Bodestr.
Altes Museum
A. Lustgarten
LUSTGARTEN
Berliner Dom
DDR Museum
Sea Life Center
Aquadom
Instituto Cervantes
Collegium Hungaricum
Rosenstr.
Marienkirche
Fernsehturm
Panoramastr.
Rathausstr.
Neptunbrunnen
Berliner Rathaus (Rotes Rath.)
Rathauspassagen
Jüdenstr.
Spandauer Str.
Galeria Kaufhof
ALEXANDERPLATZ
Kongresshalle
Alexa
Alexanderstr.
Dircksenstr.
Grunerstraße
Klosterkirche
Podewils'sches Palais
KLOSTERSTR.
Nikolaik.
Rathausstr.
Ratausbr.
Marstall
Humboldt-Box
Humboldt-Forum (Rohbau)
Schloßpl.
Kronprinzenpalais
Zeughaus
Dt. Histor. Mus.
Pei-Bau
Gorki-Th.
Humboldt-Univ.
Univ.-Bibl.
Universitätsstr.
Charlottenstr.
Staatsbibl.
Unter den Linden
Karl-Liebknecht-Str.

Tour 5

Shopping und Ausgehen

Oranienburger Tor › Friedrichstraße › Reinhardtstraße › Albrechtstraße › Schiffbauerdamm › Friedrichstraße › Taubenstraße › Gendarmenmarkt

Start: Ⓤ Oranienburger Tor (U 6)
Ziel: Leipziger Straße (Bus M 48), Ⓤ Stadtmitte (U 2)
Wann: tagsüber zum Einkaufen, abends für Kultur und Unterhaltung
Distanz: 3 km

Die legendäre Friedrichstraße zeichnet sich durch ihre Mischung von Kommerz und Kultur, von Alt und Neu aus. Die goldenen 1920er-Jahre werden genauso lebendig wie die Zeit der Teilung der Stadt – und auch die Preußen sind nicht weit: am Gendarmenmarkt.

Friedrichstadtpalast

Die nördliche Friedrichstraße ist die Achse des größten Theaterviertels der Stadt – für den Drink danach bietet sich auch die Oranienburger Straße an. Wandmalereien und Graffiti zeugen noch vom **Tacheles** 1, das als alternatives Kunsthaus 22 Jahre lang die Kulturszene bereicherte. 2012 wurde das Haus geräumt, 2014 an einen neuen Investor verkauft.

Gleich neben diesem Brachland prunkt der **Friedrichstadtpalast** 2, Europas größtes Revuetheater – mitreißender Höhepunkt ist die Reihe der akkurat tanzenden Girls mit den längsten Beinen von Berlin. Genau gegenüber dem Friedrichstadtpalast zweigt die Reinhardtstraße ab. Das von Max Reinhardt begrün-

Deutsches Theater

dete **Deutsche Theater** 3 liegt um die Ecke in der Schumannstraße. Über die Albrechtstraße geht es zum **Schiffbauerdamm.** Die vielen Restaurants und Kneipen rücken im Sommer ihre Tische ans Ufer der Spree.

Auf dem Bert-Brecht-Platz sitzt der Dichter in Bronze gegossen vor seinem Theater, dem berühmten **Berliner Ensemble** 4. Nach wenigen Schritten steht man auf der Weidendammer Brücke. Der Blick fällt links auf das Bode-Museum an der Spitze der Museumsinsel, rechts sieht man die Eisenbahnbrücke vor dem Bahnhof Friedrichstraße; hinter dem Bauklotz rechts auf der Friedrichstraße liegt der **Tränenpalast** 5, heute wichtiger Erinnerungsort der geteilten Stadt. Vor dieser Halle für die Grenzkontrollen, die unterirdisch mit dem Bahnhof Friedrichstraße verbunden war, flossen zu Mauerzeiten so manche Tränen, wenn der West-Besuch wieder nach Hause musste oder andere die Papiere zur endgültigen Ausreise in der Tasche hatten. Die Dauerausstellung erzählt mit Originalen der einstigen Einrichtung und vielen Dokumenten von unterschiedlichen »GrenzErfahrungen«.

Noch vor den Bahngleisen auf der linken Seite ist im Hinterhof der **Admiralspalast** 6 wieder erstanden, er huldigt wie in den 1920er-Jahren der leichten Muse, vorwiegend mit Gastspielen vom Rockkonzert bis zur Comedy. Im selben Gebäudekomplex sticht die **Distel** kabarettistisch zu.

Südlich des Bahnhofs Friedrichstraße beginnt die Einkaufsmeile, die sich bis zur Leipziger Straße erstreckt. Ein erster Anziehungspunkt ist das **Kulturkaufhaus Dussmann** mit einer riesigen Auswahl an Büchern und CDs (s. Shopping, S. 142). Auch mehrere Restaurants, Cafés und Hotels gibt es hier, so das elegante **The Westin Grand** (s. Hotels, S. 133) an der Kreuzung Friedrichstraße/Unter den Linden. Von der architektonisch einheitlichen Blockbebauung hebt sich das Kaufhaus **Galeries Lafayette** mit seiner gläsernen Fassade ab. Im Innern faszinieren der originelle Lichthof und die Delikatessabteilung. Eine Passage verbindet das französische Kaufhaus unterirdisch mit dem **Quartier 206**, in dem hauptsächlich Designerboutiquen luxuriöse Mode und Accessoires anbieten (s. Shopping, S. 144).

Die Taubenstraße führt mitten auf den unter Friedrich dem Großen angelegten **Gendarmenmarkt** 4. Das heutige **Konzerthaus** 7, das mehrere Vorgängerbauten hatte, ist eine Rekonstruktion von Karl Friedrich Schinkels Schauspielhaus. Der majestätische Bau über einer hohen Freitreppe wird harmonisch flankiert von zwei Kirchen: Zum **Französischen Dom** 8 (mit Aussichtsplattform) gehört das Hugenottenmuseum und im Kellergewölbe das Restaurant **Refugium** (s. Restaurants, S. 138), der **Deutsche Dom** 9 zeigt eine Ausstellung zur Demokratie in Deutschland. Qualitativ hochwertige Bratwurst, Brot und Bier bietet das Restaurant **Das Meisterstück** (s. Restaurants, S. 135). Ringsum laden weitere Cafés, Restaurants und Bars zur Entspannung ein. Unwiderstehlich sind Duft und Anblick von Pralinen, Confiserie und Kunstwerken aus Schokolade bei **Fassbender & Rausch** an der Ecke Mohrenstraße (s. Shopping, S. 142). Über die Leipziger Straße hinweg gelangt man zum weltberühmten Checkpoint Charlie.

MAL PAUSE MACHEN

Die große **Freitreppe hinauf zum Konzerthaus** ist ein idealer Sitzplatz für den Überblick über den Gendarmenmarkt, oder man steigt im Französischen Dom auf die Aussichtsplattform.

Tour im Anschluss: 11

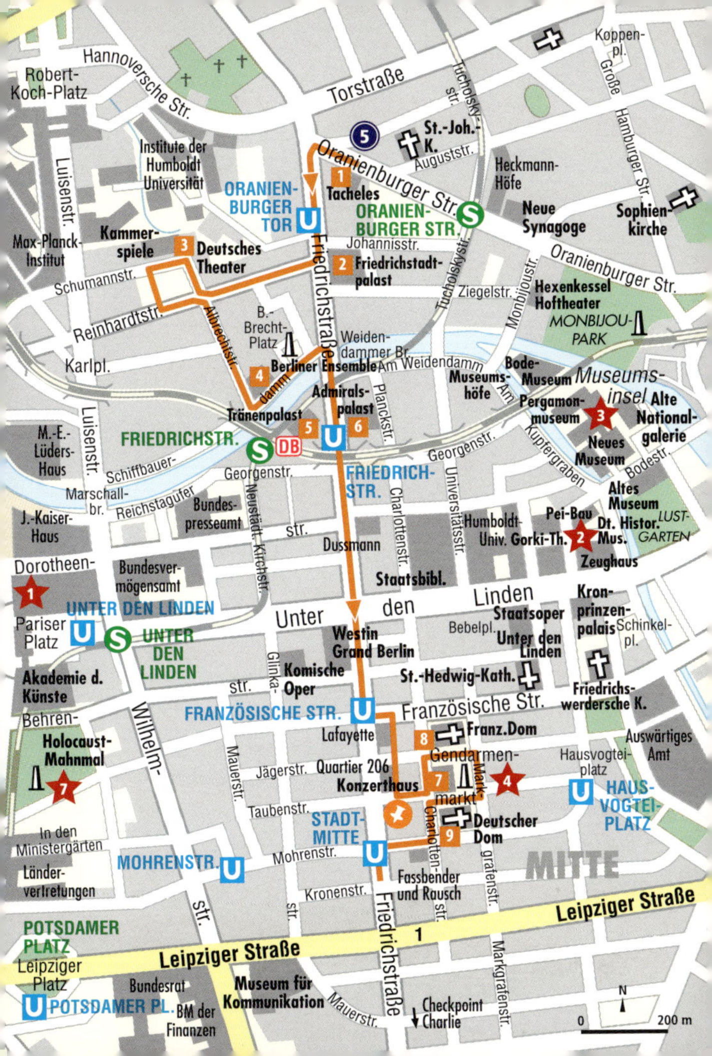

Robert-Koch-Platz
Hannoversche Str.
Torstraße
Koppen-pl.
Große Hamburger Str.
Tucholsky-str.
St.-Joh.-K.
Auguststr.
Heckmann-Höfe
Institute der Humboldt Universität
Luisenstr.
ORANIENBURGER TOR
Oranienburger Str.
Tacheles
ORANIEN-BURGER STR.
Neue Synagoge
Sophienkirche
Max-Planck-Institut
Kammerspiele
Deutsches Theater
Friedrichstraße
Johannisstr.
Friedrichstadtpalast
Schumannstr.
Tucholskystr.
Monbijoustr.
Ziegelstr.
Hexenkessel Hoftheater
MONBIJOU-PARK
Reinhardtstr.
Albrechtstr.
B.-Brecht-Platz
Weidendammer Br.
Karlpl.
Berliner Ensemble
Am Weidendamm
Bode-Museum
Museumshöfe
Museumsinsel
Am Kupfergraben
Admiralspalast
Planckstr.
Pergamonmuseum
Alte Nationalgalerie
Tränenpalast
M.-E.-Lüders-Haus
FRIEDRICHSTR.
DB
Georgenstr.
Neues Museum
Bodestr.
Schiffbauerdamm
Marschallbr.
Reichstagufer
FRIEDRICH-STR.
Charlottenstr.
Universitätsstr.
Altes Museum
J.-Kaiser-Haus
Bundespresseamt
Neustädt. Kirchstr.
Dussmann
Humboldt-Univ.
Gorki-Th.
Pei-Bau
Dt. Histor. Mus.
LUSTGARTEN
Zeughaus
Dorotheenstr.
Bundesvermögensamt
Staatsbibl.
UNTER DEN LINDEN
Unter den Linden
Staatsoper Unter den Linden
Kronprinzenpalais
Schinkelpl.
Bebelpl.
Pariser Platz
Westin Grand Berlin
Glinkastr.
Komische Oper
St.-Hedwig-Kath.
Friedrichswerdersche K.
Akademie d. Künste
Wilhelmstr.
FRANZÖSISCHE STR.
Französische Str.
Franz.Dom
Behrenstr.
Lafayette
Gendarmenmarkt
Auswärtiges Amt
Hausvogteiplatz
Holocaust-Mahnmal
Mauerstr.
Jägerstr.
Quartier 206
Konzerthaus
HAUS-VOGTEI-PLATZ
Taubenstr.
STADT-MITTE
Deutscher Dom
Charlottenstr.
Markgrafenstr.
In den Ministergärten
MOHRENSTR.
Mohrenstr.
MITTE
Ländervertretungen
Fassbender und Rausch
Kronenstr.
Leipziger Straße
POTSDAMER PLATZ
Leipziger Platz
Bundesrat
Museum für Kommunikation
POTSDAMER PL.
BM der Finanzen
Mauerstr.
Checkpoint Charlie
N
0
200 m

Tour 6

Rund um den Potsdamer Platz ★5

Sony Center › Philharmonie › Kulturforum › St. Matthäus-Kirche › Quartier Potsdamer Platz › Marlene-Dietrich-Platz › Alte Potsdamer Straße

Start: Ⓢ/Ⓤ Potsdamer Platz (S 1, 2, 25; U 2; Regionalbahn)
Ziel: Ⓢ/Ⓤ Potsdamer Platz
Wann: auch an Regentagen geeignet
Distanz: 2 km

Moderne Architektur, viel Kultur und noch mehr Vergnügen findet man auf engem Raum im Zentrum der neuen Mitte Berlins. Ablaufen kann man den Weg in 30 Minuten – aufhalten kann man sich hier den ganzen Tag und die Nacht dazu.

Am Bahnhof Potsdamer Platz steht man mittendrin in Berlins »New York«. Wie zwei Tortürme schieben sich die beiden Wolkenkratzer in die Kreuzung Potsdamer, Ebert-, Leipziger- und Stresemannstraße. Eine Kopie der ersten Verkehrsampel in Europa erinnert daran, dass hier schon 1925 Großstadtverkehr herrschte. Im Klinkerbau von Hans Kollhoff (101 m, Alte Potsdamer Straße 1) bringt der »schnellste Aufzug Europas« Besucher in 20 Sekunden auf die Aussichtsplattform **Panoramapunkt** mit Café. Der Blick von oben ist grandios. Der leicht gerundete Glasbau der **Deutschen Bahn** bleibt nachts hell erleuchtet, dahinter erhebt sich das Luxushotel **Ritz Carlton.** Nach wenigen Schritten auf der Potsdamer Straße wird rechts der Blick angezogen von Gold und Stuck hinter einer Glaswand: Der prachtvolle **Kaisersaal** blieb als einziger Raum des ehemaligen Hotels Esplanade erhalten und ist heute Ort exklusiver Events. Der Saal liegt im **Sony Center** 1 (von Architekt Helmut Jahn), über das sich eine raffinierte Zeltdachkonstruktion spannt. Hier findet man Restaurants, Cafés, Bars, Kinos und das Filmhaus, u. a. mit dem **Museum für Film und Fernsehen**; Highlight der Dauerausstellung ist die Marlene Dietrich Collection.

Sony Center

An der Kreuzung der Potsdamer mit der Ben-Gurion-Straße beginnt das **Kulturforum**: zunächst das Scharoun-Ensemble mit **Musikinstrumenten-Museum, Philharmonie** 2 – dem Konzerthaus der Berliner Philharmoniker – und **Kammermusiksaal,** dann der Museumskomplex mit **Gemäldegalerie** 6, **Kupferstichkabinett, Kunstbibliothek** und **Kunstgewerbemuseum** mit der neu eröffneten Modegalerie. Die Bauten aus den 1980er-Jahren lassen von außen nicht erahnen, welche Kunstschätze sich dahinter verbergen. Bis zum Mauerfall im Niemandsland gelegen, präsentiert sich das Kulturforum am Potsdamer Platz heute mitten im pulsierenden neuen Zentrum.

Der Blick zurück bleibt an der Skyline des Potsdamer Platzes hängen – vom Sony Center bis zum Büro-Hochhaus mit dem grünen Würfel von Renzo Piano. Der große Bau im Vordergrund ist die **Staatsbibliothek** 3 mitten auf der Alten Potsdamer Straße. Die **Matthäus-Kirche** 4 von Friedrich August Stüler ist hier der einzige erhaltene Bau der Vorkriegszeit. Die **Neue Nationalgalerie** 5, Ludwig Mies van der Rohes lichtdurchfluteter

Tempel für die moderne Kunst, bleibt wegen Sanierung für mehrere Jahre geschlossen.

Nach einem kurzen Stück auf dem Reichpietschufer, links am Landwehrkanal entlang, biegt man wieder links ein. Die Wasserfläche, die sich im Sommer in ein Strandidyll verwandelt, begrenzt das 1998 eröffnete Quartier Potsdamer Platz im Süden. Mittelpunkt ist der **Marlene-Dietrich-Platz** 6. Stilvoll übernachten kann man im eleganten **Grand Hyatt Berlin** (s. Hotels, S. 131). Am Platz ballt sich das Vergnügen: das Musicaltheater mit dem riesigen Nachtklub **Adagio** (s. Nightlife, S. 146) im Keller, die Spielbank und gegenüber das Theater der Blue Man Group. Bemerkenswert ist das **Weinhaus Huth** (Nr. 5). Das »letzte Haus am Potsdamer Platz« blieb vom Bombenhagel verschont, stand zu Mauerzeiten allein auf weiter Flur und überstand schließlich unversehrt die gigantischen Bauarbeiten ringsum. Heute beherbergt es u. a. zwei Restaurants und die Daimler Kunstsammlung (Daimler Contemporary, tgl. 11 bis 18 Uhr).

Marlene-Dietrich-Platz

MAL PAUSE MACHEN

Ein heißer Tipp für kalten Genuss ist die **Gelateria in den Potsdamer Platz Arkaden.** Ob üppiger Eisbecher oder eine Kugel »auf die Hand«: Es gibt exotische Sorten und Bioeis.

Shopping-Fans zieht es in die **Potsdamer Platz Arkaden** 7, eines der beliebtesten Einkaufszentren der Stadt (s. Shopping, S. 145). Durch den Ostausgang der Arkaden stößt man auf den wallähnlichen Tilla-Durieux-Park und gelangt links hoch wieder zum Bahnhof Potsdamer Platz und weiter zum Leipziger Platz mit der riesigen **Mall of Berlin.**

Touren im Anschluss: 7, 8, 11

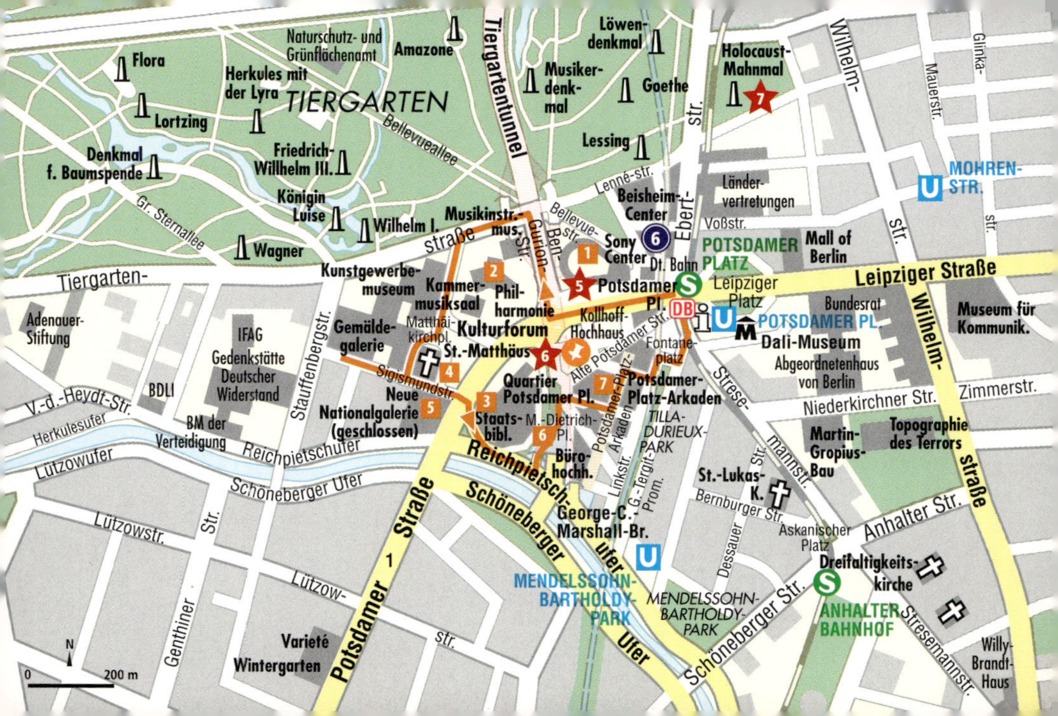

TIERGARTEN
Flora
Lortzing
Denkmal f. Baumspende
Herkules mit der Lyra
Naturschutz- und Grünflächenamt
Amazone
Friedrich-Wilhelm III.
Königin Luise
Wilhelm I.
Wagner
Gr. Sternallee
Bellevueallee
Tiergartentunnel
Löwendenkmal
Musikerdenkmal
Goethe
Lessing
Holocaust-Mahnmal
Wilhelmstr.
Mauerstr.
Glinka-str.
MOHREN-STR.
Lenné-str.
Beisheim-Center
Ebert-str.
Länder-vertretungen
Voßstr.
Bellevue-str.
Ben-Gurion-Str.
Sony Center
POTSDAMER PLATZ
Mall of Berlin
Dt. Bahn
Potsdamer Pl.
Leipziger Platz
Leipziger Straße
Wilhelmstraße
Bundesrat
POTSDAMER PL.
Dali-Museum
Museum für Kommunik.
Abgeordnetenhaus von Berlin
Zimmerstr.
Niederkirchner Str.
Topographie des Terrors
Martin-Gropius-Bau
Tiergartenstraße
Kunstgewerbemuseum
Kammermusiksaal
Philharmonie
Musikinstr.-mus.
Kollhoff-Hochhaus
Alte Potsdamer Str.
Fontaneplatz
Kulturforum
Matthäikirchpl.
Gemäldegalerie
St.-Matthäus
Sigismundstr.
Neue Nationalgalerie (geschlossen)
Quartier Potsdamer Pl.
Potsdamer-Platz-Arkaden
Potsdamer-Platz-Arkaden
Staatsbibl.
M.-Dietrich-Pl.
Büro-hochh.
TILLA-DURIEUX-PARK
Linkstr.
G.-Tergit-Prom.
Stresemannstr.
St.-Lukas-K.
Bernburger Str.
Askanischer Platz
Anhalter Str.
Dessauer Str.
Dreifaltigkeitskirche
ANHALTER BAHNHOF
Stresemannstr.
Willy-Brandt-Haus
Adenauer-Stiftung
IFAG
Gedenkstätte Deutscher Widerstand
Stauffenbergstr.
BDLI
V.-d.-Heydt-Str.
Herkulesufer
BM der Verteidigung
Reichpietschufer
Lützowufer
Schöneberger Ufer
Reichpietsch-ufer
Schöneberger Ufer
George-C.-Marshall-Br.
MENDELSSOHN-BARTHOLDY-PARK
Schöneberger Str.
Lützowstr.
Lützow-str.
Genthiner Str.
Potsdamer Straße
Varieté Wintergarten
N
0
200 m

Tour 7

Durchs Regierungsviertel

Potsdamer Platz › Ministergärten › Holocaust-Mahnmal › Brandenburger Tor › Reichstag › Bundeskanzleramt › Spreebogenpark › Hauptbahnhof › Hamburger Bahnhof

Start: Ⓢ/Ⓤ **Potsdamer Platz (S 1, 2, 25; U 2; Regionalbahn)**
Ziel: Ⓢ **Hauptbahnhof (S 3, 5, 7, 75)**
Wann: **bei trockenem Wetter**
Distanz: **5 km**

Der Spaziergang führt vom Potsdamer Platz ins Regierungsviertel vorbei am Holocaust-Mahnmal und am Brandenburger Tor zum Reichstag und zum Kanzleramt, streift Parlamentsbauten, den neuen Hauptbahnhof und endet mit Kunst im Hamburger Bahnhof.

In der Verlängerung nach Osten wird die Potsdamer Straße zur Leipziger Straße. Unmittelbar schließt der Leipziger Platz an, dessen neue Bebauung der ursprünglichen oktogonalen Platzanlage folgt. Am Südrand lockt das private **Museum Dalí** in Berlin mit 450 Werken des spanischen Künstlers. In der Nordostecke befindet sich ein Eingang zur ausgedehnten Mall of Berlin, einem der größten Einkaufszentren der Stadt.

Die Tour wendet sich Richtung Norden: Links an der Ebertstraße liegt das **Beisheim Center** 1, eine noble Wohnanlage mit den Luxushotels Ritz Carlton und Marriott. Der schöne Name **In den Ministergärten** 2 lässt nicht erahnen, dass sich rundum die Schaltzentren der Macht befanden, von Bismarck bis Hitler. Schon im 18. Jh. lagen hier die Gärten der Adelspalais' an der

Wilhelmstraße, die später zu Ministerien wurden. Die heutigen Landesvertretungen – sieben der 16 deutschen Länder haben hier ihre Repräsentanz beim Bund – sind allesamt Neubauten auf ehemaligem Grenzsperrgebiet. Bei Ausstellungen und Veranstaltungen sind die Häuser und Gärten zugänglich.

Gedenkstätte

Die Hannah-Arendt-Straße begrenzt im Süden das **Denkmal für die ermordeten Juden Europas** 3, die zentrale **Holocaust-Gedenkstätte** ★7 Deutschlands. Das großflächige Stelenfeld mit 2711 grauen Betonelementen nach dem Entwurf des New Yorker Architekten Peter Eisenman will zur individuellen Auseinandersetzung mit dem Ausmaß des Holocaust anregen. Der Ort der Information (Mo geschl.) im Untergeschoss erinnert mittels exemplarischer Lebens- und Familiengeschichten an die sechs Millionen Opfer.

Weiter entlang der Ebertstraße geht es vorbei an der US-Botschaft bis zum **Brandenburger Tor** 4. Wie eng die Berliner Mauer das Wahrzeichen bis 1990 einschnürte, kennzeichnet die Markierung im Boden. Nach Westen erstreckt sich schnurgerade durch den Tiergarten die **Straße des 17. Juni**, die Schauplatz der alljährlichen großen Silvesterfeier und anderer Jubelereignisse (Fanmeile) ist.

Reichstagskuppel

Auf der Ebertstraße geht es weiter zum **Reichstag** 5 ★8, dem Sitz des Deutschen Bundestages. Wer einen Blick auf den Parlamentssaal werfen, vor allem aber die gläserne Kuppel besteigen will, die Norman Foster dem ehrwürdigen Reichstag aufgesetzt hat, muss sich vorher anmelden (www.bundestag.de/besuche/kuppel.html). Spontanbesucher (mit Ausweis) können sich an die Serviceaußenstelle des Besucherdienstes gegenüber dem Einlass wenden; mit Wartezeiten ist zu rechnen. Die Aussicht von der Dachterrasse eröffnet ungewohnte Perspektiven auf die Stadt. Nun bietet sich ein kleiner Abstecher in den Tiergarten an, vorbei am Carillon-Glockenspiel, um das **Haus der Kulturen der Welt** 6 zu umrunden – ein Baudenkmal der 1950er-Jahre.

Vom Uferweg aus werden die Ausmaße des lang gestreckten **Bundeskanzleramts** 7 deutlich. Das architektonische »Band des Bundes« setzt sich Richtung Osten fort, durch das **Paul-Löbe-Haus** 8, das Bürogebäude für die Abgeordneten, und das **Marie-Lüders-Haus** 9 auf der anderen Spreeseite mit der Parlamentsbibliothek. Hinter der Schweizer Botschaft liegt der **Spreebogenpark.** Eine Fußgängerbrücke führt auf kurzem Weg zum Hauptbahnhof am Washingtonplatz. Die **Kronprinzenbrücke** 10 ist ein guter Standort für Fotoaufnahmen. Der **Hauptbahnhof** 11, ein gigantischer Glaspalast, ist auch ein großes Einkaufszentrum (So viele Geschäfte geschl.) mit Bistro-Restaurants. Züge fahren tief im Untergrund und auf der Hochbahnstrecke. Vom nördlichen Ausgang am Europaplatz sind es auf der Invalidenstraße noch ein paar hundert Meter zum **Hamburger Bahnhof** 12, der das Museum für Gegenwart, u. a. mit der Friedrich Christian Flick Collection, beherbergt. Folgt man der Invalidenstraße Richtung Mitte, vorbei am Naturkundemuseum, findet man das schmucke **Honigmond Garden Hotel** (Nr. 122; s. Hotels, S. 132).

MAL PAUSE MACHEN

Sich am **Capital Beach** einen Liegestuhl schnappen und mit Blick auf den Hauptbahnhof am **Ufer der Spree** Schiffe zählen. Dazu einen Cocktail – das ist Sommer in Berlin.
- Ludwig-Erhard-Ufer, tgl. ab 10 Uhr

Touren im Anschluss: 3, 4, 5, 8

N
0
200 m
Hamburger Bahnhof
Museum für Gegenwart
12
Invalidenstraße
Seydlitzstraße
Minna-Cauen-Str.
Robert-Koch-Platz
Hauptbahnhof
Europaplatz
11
DB
Humboldthafen
Medizinhistorisches Museum
Universitätsklinikum Charité
Akademie der Künste (Archiv)
Luisenstr.
Alexanderufer
HAUPTBAHNHOF
Hugo-Preuß-Brücke
Ministerium für Bildung und Forschung
Max-Planck-Institut
Washingtonplatz
G.-Heinemann-Brücke
Kapelle-Ufer
Unterbaumstr.
Reinhardtstr.
Spree
Alt-Moabit
Ludwig-Erhard-Ufer
Bundesministerium des Innern
SPREEBOGENPARK
Kronprinzenbrücke
Karlpl.
Lüneburger Str.
Moltkebrücke
W.-Brandt-Str.
Schweiz
10
Bundespresseamt
Alice-Berend-Str.
Otto-v.-Bismarck-Allee
8
Paul-Löbe-Haus
Marie-Lüders-Haus
9
KANZLERGARTEN
Bundeskanzleramt
7
96
Forum
K.-Adenauer-Str.
Reichstagufer
Paul-Löbe-Str.
Marschallbr.
Haus der Kulturen der Welt
6
Große Querallee
Tipi Das Zelt
Heinr.-v.-Gagern-Str.
Platz der Republik
Reichstagsgebäude
Fr.-Ebert-Pl.
J.-Kaiser-Haus
MOABITER WERDER
Carillon
5
Scheidemannstr.
Dorotheenstr.
John-Foster-Dulles-Allee
Kurfürstenplatz
Denkmal f. d. erm. Sinti u. Roma
1
UNTER DEN LINDEN
Yitzhak-Rabin-Str.
Brandenburger Tor
4
Pariser Platz
Sowjetisches Ehrenmal
Platz des 18. März
Straße des 17. Juni
Akademie d. Künste
USA
Löwendenkmal
Denkmal für die ermordeten Juden Europas
Amazone
Tiergartentunnel
Herkules mit der Lyra
TIERGARTEN
Goethe
3
7
C.-Berliner-Str.
Musikerdenkm.
Bellevueallee
Lessing
Ebertstr.
Friedrich-Wilhelm III.
In den Ministergärten
Lennéstr.
2
G.-Kolmar-Str.
Großer Weg
Königin Luise
H.-Beisheim-Center
Ländervertretungen
Wilhelm I.
Musikinstr.-mus.
Bellevuestr.
HERTZ-PARK
Voßstr.
Mall of Berlin
Ben-Gurion-Str.
Kanada
Wagner
Kunstgewerbemuseum
Tiergartenstraße
Phil-harmonie
Sony Center
POTSDAMER PL.
Mus. für Film und Fernsehen
Potsdamer Pl.
Leipziger Platz
Kulturforum
Kammermusiksaal
6
5
DB
Dali-Museum
POTSDAMER PL.
IFAG

Tour 8

Durchs Botschaftsviertel und den Tiergarten

Kulturforum › Gedenkstätte Deutscher Widerstand › Botschaften Tiergartenstraße › Tiergarten › Schloss Bellevue › Akademie der Künste

Start:	**Philharmonie/Kulturforum (Bus 200, M 48), oder Ⓢ/Ⓤ Potsdamer Platz (S 1, 2, 25; U 2)**
Ziel:	**Ⓢ Bellevue (S 5, 7, 75)/Ⓤ Hansaplatz (U 9)**
Wann:	**bei trockenem Wetter**
Distanz:	**5 km**

Botschaften und Parks, Architektur und Natur vereint der Spaziergang vom Kulturforum durch das Botschaftsviertel und den Stadtpark Tiergarten zum Schloss Bellevue, dem Amtssitz des Bundespräsidenten.

Das Botschaftsviertel am südlichen Rand des Tiergartens entstand schon in der Kaiserzeit. Die Zerstörungen im Zweiten Weltkrieg haben nur wenige Villen überstanden, Grundstücke und Ruinen blieben aber zum Teil im Besitz der jeweiligen Länder. Einige kehrten, nachdem Berlin wieder Hauptstadt geworden war, an ihren alten Standort zurück. Überwiegend wurde neu gebaut von Architekten, die sich von Formen, Farben oder Traditionen der entsprechenden Länder inspirieren ließen. Das führte zu einer reizvollen architektonischen Vielfalt.

Die Tour startet an der Philharmonie, die 1963 als erster Bau des **Kulturforums** eröffnet wurde (s. Tour 6, S. 28). Vorbei am Museumskomplex, geht es durch die Sigismund- zur Stauffenbergstraße. Nach links steht man nach wenigen Schritten vor dem Eingang zur **Gedenkstätte Deutscher Widerstand** 1. Das Gebäude ist heute Verteidigungsministerium. Eine Ausstellung informiert über das gescheiterte Attentat auf Hitler am 20. Juli 1944. Ein Mahnmal im Hof erinnert an die Widerstandskämpfer um Claus Schenk Graf von Stauffenberg, die hier noch in derselben Nacht hingerichtet wurden.

Österr. Botschaft

Die **Ägyptische Botschaft** 2 in der Stauffenbergstraße 6–7 ist Nachbar der Republik **Österreich** 3, die sich ihr Botschaftsgebäude mit der markanten Eckgestaltung zur Tiergartenstraße von Stararchitekt Hans Hollein erbauen ließ. Rötlicher Sandstein kennzeichnet die Botschaft **Indiens** 4. Es folgen die Botschaftsgebäude von **Südafrika** 5 und der **Türkei** 6. **Italien** 7 hat den Monumentalbau von 1942 rekonstruiert, der über 50 Jahre lang Ruine war. Auch **Japan** 8 knüpft an den Vorgängerbau aus den 1930er-Jahren an und hat den Komplex zur Hiroshimastraße hin erweitert. Auffallendstes Gebäude in der Hiroshimastraße ist die Botschaft der **Vereinigten Arabischen Emirate** 9, die an ein Märchenschloss aus 1001 Nacht erinnert.

Botschaft der VAE

Wie ein Schiff schiebt sich die Glasfassade der **CDU-Zentrale** an der Corneliusbrücke in die Klingelhöferstraße. An der Rauchstraße setzen die **Mexikanische Botschaft** 10 und die **Botschaft der Nordischen Länder** 11 kühne architektonische Akzente. Am Ende der Rauchstraße liegt ein ruhiges Wohngebiet. Nachbarn sind hier in der ehemaligen dänischen Botschaft das Luxus-Boutiquehotel Das Stue (Drakestraße) und an der Lichtensteinallee die **Botschaft des Königreichs Spanien** 12. Auch hier

MAL PAUSE MACHEN

Wenn der Biergarten im **Café am neuen See** zu quirlig ist, kann man sich ein Boot mieten und hinaus in den Sonnenuntergang paddeln, perfekt für Romantiker.
• Lichtensteinallee 2, www.cafeamneuensee.de

wurden Fassade und Elemente des 1940er-Jahre-Baus mit modernen An- und Einbauten verbunden.

Der Spaziergang führt nun auf der Fasanerieallee mitten durch den Tiergarten zur **Siegessäule** 13 mit der »Goldelse«, der Siegesgöttin Victoria, auf der Spitze und einer Aussichtsplattform auf 285 Stufen Höhe.

Der **Tiergarten**, das einstige Jagdrevier der Kurfürsten und Könige, ist der zweitgrößte innerstädtische Park, in dem Flaneure, Liebespaare, Sonnenanbeter, Jogger, Radfahrer und andere Sportler ihre Stammplätze haben. Auf der Westseite liegt versteckt hinter Bäumen das **Bundespräsidialamt** und an der Spree das **Schloss Bellevue** 14, der Amtssitz des Bundespräsidenten. Der Weg an der Spree entlang führt direkt zum S-Bahnhof Bellevue.

Die »Goldelse«

Man kann in diesem Abschnitt des Tiergartens noch einen Abstecher zum **Englischen Garten** machen, einem schmucken Blumengarten. Im zugehörigen Teehaus finden an Sommerwochenenden Konzerte statt. Von hier gelangt man zum Veranstaltungshaus der **Akademie der Künste** 15. Sie begrenzt das **Hansaviertel**, ein städtebauliches Beispiel für die »westliche Moderne« der 1950er-Jahre. In einem der Flachbauten um den U-Bahnhof Hansaplatz residiert das **Grips-Theater**, das mit seinen Stücken für Kinder und Jugendliche auch Erwachsene begeistert.

Touren im Anschluss: 6, 7, 9

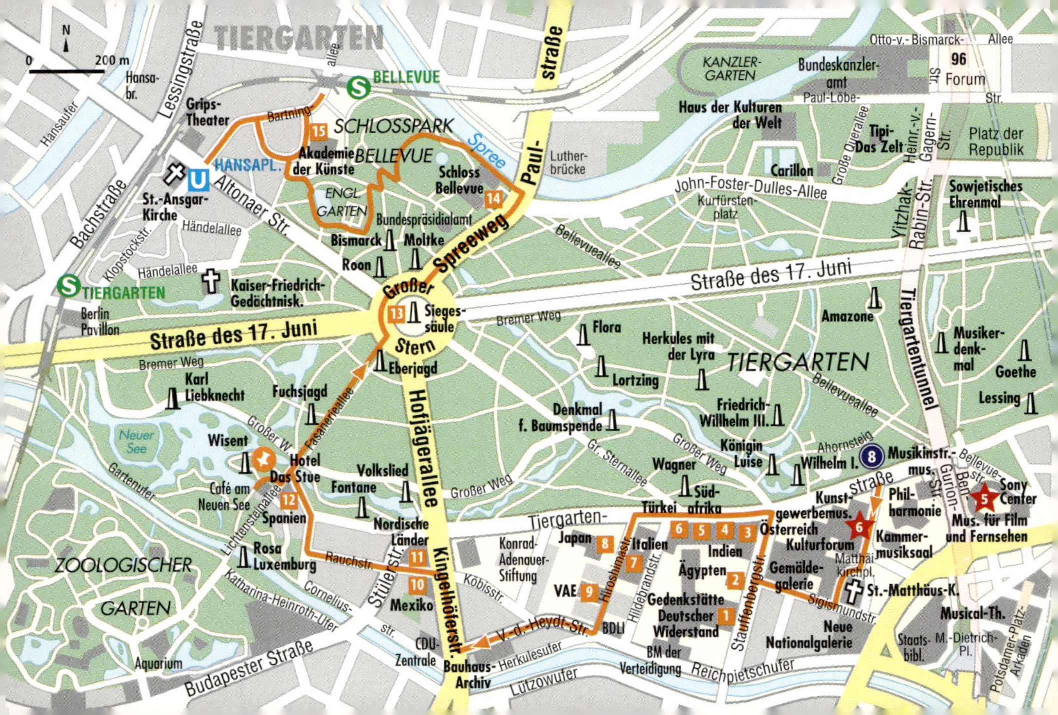
TIERGARTEN
0 200 m
N
Hansa-br.
Hansaufer
Lessingstraße
Bachstraße
Grips-Theater
Bartning-allee
BELLEVUE
15
SCHLOSSPARK BELLEVUE
Akademie der Künste
HANSAPL.
St.-Ansgar-Kirche
Altonaer Str.
Händelallee
Klopstockstr.
ENGL. GARTEN
Bundespräsidialamt
Bismarck
Moltke
Roon
Schloss Bellevue
14
Spree
Paul-straße
Lutherbrücke
Spreeweg
TIERGARTEN
Kaiser-Friedrich-Gedächtnisk.
Berlin Pavillon
Straße des 17. Juni
Großer Stern
13
Siegessäule
Eberjagd
Bremer Weg
Karl Liebknecht
Fuchsjagd
Fasanerieallee
Neuer See
Wisent
Großer W.
Hotel Das Stue
Café am Neuen See
12
Spanien
Lichtensteinallee
Gartenufer
Volkslied
Fontane
Hofjägerallee
Nordische Länder
11
10
Mexiko
Rauchstr.
Stülerstr.
Rosa Luxemburg
ZOOLOGISCHER GARTEN
Katharina-Heinroth-Ufer
Cornelius-str.
Aquarium
Budapester Straße
CDU-Zentrale
Bauhaus-Archiv
Kingelhöferstr.
Lützowufer
Herkulesufer
Köbisstr.
Konrad-Adenauer-Stiftung
Großer Weg
Tiergarten-straße
Japan
8
VAE
9
V.-d.-Heydt-Str.
BDLI
Hiroshimastr.
7
Italien
Hildebrandstr.
Türkei
6
Süd-afrika
5
4
Indien
3
Ägypten
2
Gedenkstätte Deutscher Widerstand
1
BM der Verteidigung
Reichpietschufer
Stauffenbergstr.
Österreich
Bellevueallee
John-Foster-Dulles-Allee
Kurfürstenplatz
Haus der Kulturen der Welt
Carillon
Große Querallee
Tipi-Das Zelt
Flora
Lortzing
Herkules mit der Lyra
Denkmal f. Baumspende
Gr. Sternallee
Friedrich-Wilhelm III.
Königin Luise
Wagner
Amazone
Ahornsteig
Wilhelm I.
8
Musikinstr.-mus.
KANZLER-GARTEN
Bundeskanzleramt
Paul-Löbe-Str.
Otto-v.-Bismarck-Allee
96
Forum
Heinr.-v.-Gagern-Str.
Platz der Republik
Sowjetisches Ehrenmal
Yitzhak-Rabin-Str.
Tiergartentunnel
Musiker-denk-mal
Goethe
Lessing
Kunstgewerbemus.
Philharmonie
Ben-Gurion-Str.
Bellevue-str.
Sony Center
5
Mus. für Film und Fernsehen
6
Kulturforum
Kammermusiksaal
Matthäikirchpl.
Gemäldegalerie
St.-Matthäus-K.
Sigismundstr.
Neue Nationalgalerie
Musical-Th.
Staats-bibl.
M.-Dietrich-Pl.
Potsdamer-Platz-Arkaden

Tour 9

Einkaufsbummel am Kudamm 9

KaDeWe › Europa Center › Gedächtniskirche › Bikini Berlin › Neues Kranzlereck › Fasanenstraße › Kantstraße › Savignyplatz › Knesebeckstraße › Olivaer Platz

Start: Ⓤ Wittenbergplatz (U 1, 2, 3)
Ziel: Olivaer Platz (Bus M 19, M 29, 109, X 10)
Wann: an Werktagen; Sa Markt am Walter-Benjamin-Platz (10–16 Uhr); Weihnachtsmarkt an der Kaiser-Wilhelm-Gedächtniskirche
Distanz: 5 km

Bummeln, schauen, sich-verführen-lassen, kaufen: Der Kudamm ist die schönste und längste Einkaufsstraße Berlins und lädt auch unabhängig vom Kaufrausch zu Entdeckungen ein.

KaDeWe

Der Startpunkt der Tour könnte für manch einen schon zum Ziel eines langen Einkaufstages werden: Das **KaDeWe** 1, über 100 Jahre alt, bietet auf sechs Etagen einfach alles, was das Herz begehrt, von Accessoires bis Parfümerie, vom sogenannten Luxus-Boulevard der Edelmarken im Erdgeschoss bis zur **Feinschmeckeretage** (s. Shopping, S. 145). Die **Tauentzienstraße** mit ihren Mode- und Schuhgeschäften sowie vielen anderen Läden führt genau auf die Kaiser-Wilhelm-Gedächtniskirche zu, vorbei am **Europa Center** 2. Das erste Hochhaus im West-Berliner Stadtbild (86 m) war 1965 auch die erste Mall, die Einkaufen und Vergnügen unter einem Dach einte. Im Keller machen die »Stachelschweine« Kabarett-Theater. Ganz oben lockt die **Puro Sky Lounge** (s. Nightlife, S. 147) Nachtschwärmer an, herrliche Aussicht inklusive.

Außerhalb, auf dem Breitscheidplatz, laden Straßencafés neben dem Weltkugelbrunnen von Joachim Schmettau, respektlos »Wasserklops« genannt, zu einer Pause mit Blick auf die Turmruine der **Kaiser-Wilhelm-Gedächtniskirche** 3 ein. Daneben entstand in den 1960er-Jahren der Neubau mit freistehendem Turm. Weit höher ragt das »Zoo Fenster« mit dem Luxushotel **Waldorf Astoria Berlin** in den Himmel. Große Anziehungskraft hat das neue Einkaufszentrum **Bikini Berlin** mit Mode, Lifestyle und Design (s. Shopping, S. 141) – und tollem Blick auf den Zoologischen Garten. An der Gedächtniskirche beginnt der **Kurfürstendamm,** der zu kurfürstlichen Zeiten als Reitweg in den Grunewald angelegt worden war. An der Kreuzung Joachimsthaler Straße stehen sich, gläsern und spitz, das **Neue Kranzlereck** von Helmut Jahn und als steinernes Halbrund das **Swissôtel** mit dem **Restaurant 44** gegenüber.

MAL PAUSE MACHEN

Ein Stück Urwald gleich hinter dem Kudamm im **Neuen Kranzlereck:** In zwei großen Volieren zwitschern rund 100 exotische Vögel. Sitzgelegenheiten sind vorhanden, und um die Ecke gibt es bei **Amorino** köstliches Eis.

In der südlichen Fasanenstraße hat sich eine Reihe großbürgerlicher Villen aus dem 19. Jh. erhalten, darunter das **Literaturhaus** mit dem Café-Restaurant »Wintergarten«, das auch im lauschigen Garten serviert (s. Restaurants, S. 134), und die Nachbarvilla, in der das **Käthe-Kollwitz-Museum** 4 an die Künstlerin erinnert. Durch die Fasanenstraße erreicht man, vorbei am Hotel Kempinski und dem **Jüdischen Gemeindehaus** 5, in dessen Fassade Teile der alten Synagoge integriert sind, die Kreuzung mit der Kantstraße, an der das **Kant-Dreieck-Hochhaus** mit dem eigenwilligen Dachsegel zeigt, woher der Wind weht. Als Musicalbühne fungiert heute das über 100 Jahre alte **Theater des Westens** 6 schräg gegenüber, dessen prächtige Fassade an glanzvolle Zeiten erinnert. Daneben gruppieren sich das **Delphi-Kino,** der Jazzkeller **Quasimodo** (s. Nightlife, S. 148) und im Hinterhof die **Vaganten-bühne.** Liebhaber der Fotografie machen von hier aus einen Abstecher zur Galerie **c/o Berlin** und zum **Museum für Fotografie** (Helmut Newton Foundation).

Börse

Ein paar Meter weiter in der Fasanenstraße fällt das Ludwig-Erhard-Haus, in dem u.a. die **Börse** untergebracht ist, durch seine ungewöhnliche Bogenkonstruktion auf. Durch die Kantstraße geht es vorbei am **Stilwerk Design Center**, einem Edelkaufhaus für Inneneinrichtung und Design, zum **Savignyplatz** 7. Hier findet man vor allem in den S-Bahn-Bögen originelle Geschäfte und Restaurants. Die Knesebeckstraße führt wieder zum Kurfürstendamm. Ein kleines Stück zurück liegt in der Mitte des Blocks das **Kudamm Karree** 8, eine Passage mit der Komödie und dem Theater am Kurfürstendamm sowie einem Museum im 1. Stock: **The Story of Berlin** erzählt die Geschichte der Stadt in 20 inszenierten Erlebnisräumen. Von der Bleibtreustraße über die Schlüter- und Wielandstraße bis zum **Olivaer Platz** 9 wird der Kudamm immer eleganter. Hier versammeln sich renommierte Designer und Juweliere, von Armani bis Ermenegildo Zegna. Am **Walter-Benjamin-Platz** 10 wird samstags (10–16 Uhr) Wochenmarkt gehalten. Exquisite italienische Weine zu passenden Speisen bietet die **Enoiteca Il Calice** (s. Restaurants, S. 136).

Tour im Anschluss: 10

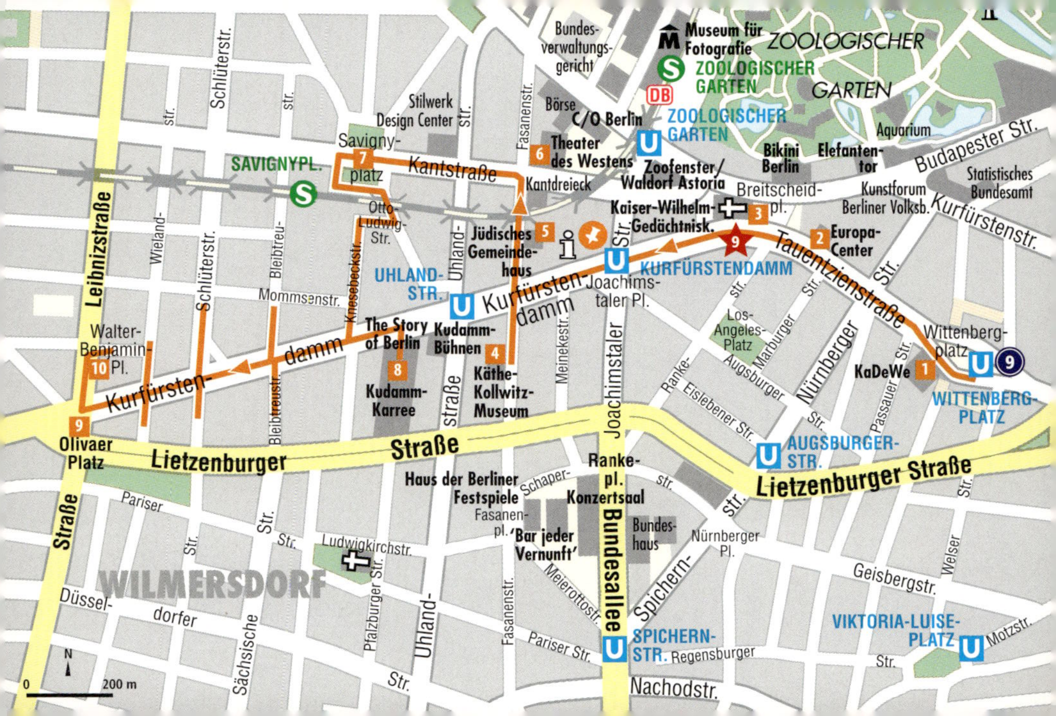

ZOOLOGISCHER GARTEN
Museum für Fotografie
ZOOLOGISCHER GARTEN
DB
ZOOLOGISCHER GARTEN
Bundesverwaltungsgericht
Börse
C/O Berlin
Aquarium
Budapester Str.
Statistisches Bundesamt
Bikini Berlin
Elefantentor
Theater des Westens
Zoofenster/ Waldorf Astoria
Kunstforum Berliner Volksb.
Kurfürstenstr.
Breitscheidpl.
Kaiser-Wilhelm-Gedächtnisk.
Europa-Center
Tauentzienstraße
Stilwerk Design Center
Savignyplatz
SAVIGNYPL.
Kantstraße
Kantdreieck
Fasanenstr.
Otto-Ludwig-Str.
Jüdisches Gemeindehaus
KURFÜRSTENDAMM
UHLAND-STR.
Uhlandstr.
Joachimstaler Pl.
Kurfürstendamm
Los-Angeles-Platz
Marburger Str.
Nürnberger Str.
Wittenbergplatz
KaDeWe
WITTENBERG-PLATZ
Schlüterstr.
Wielandstr.
Bleibtreustr.
Mommsenstr.
Knesebeckstr.
The Story of Berlin
Kudamm-Bühnen
Kudamm-Karree
Käthe-Kollwitz-Museum
Meinekestr.
Joachimstaler Str.
Augsburger Str.
Ranke-
Eislebener Str.
Passauer Str.
Walter-Benjamin-Pl.
Leibnizstraße
Olivaer Platz
Lietzenburger Straße
AUGSBURGER-STR.
Rankepl.
Haus der Berliner Festspiele
Schaperstr.
Konzertsaal
Fasanenpl.
'Bar jeder Vernunft'
Bundesallee
Bundeshaus
Nürnberger Pl.
Spichernstr.
Geisbergstr.
Welser Str.
Pariser Str.
Ludwigkirchstr.
WILMERSDORF
Düsseldorfer Str.
Sächsische Str.
Pfalzburger Str.
Meierottostr.
SPICHERN-STR.
Regensburger Str.
Nachodstr.
VIKTORIA-LUISE-PLATZ
Motzstr.
N
0
200 m

Tour 10

Schloss Charlottenburg

Sophie-Charlotte-Platz › Schloßstraße › Keramikmuseum › Schloss Charlottenburg › Schlosspark › Orangerie

Start: Ⓤ **Sophie-Charlotte-Platz (U 2)**
Ziel: **Spandauer Damm/Luisenplatz (Bus M 45, 109, 309)**
Wann: **Innenbesichtigung auch bei Regen, Park bei gutem Wetter, besonders schön im Frühling; Keramikmuseum nur Fr–Mo**
Distanz: **5 km**

Aus Sophie Charlottes Lustschloss wurde die größte Hohenzollern-Residenz in Berlin, die heute noch Preußens Glanz repräsentiert. Schloss und Schlossgarten allein lohnen den Spaziergang; daneben sind noch ganz unterschiedliche Museen zu entdecken.

MAL PAUSE MACHEN

Limette-Baiser, Schoko-Trüffel, Aprikose-Lavendel – die Kuchenauswahl im **Café Frau Bäckerin** (mit Terrasse) im Museum Charlottenburg-Wilmersdorf ist verführerisch.
• Schloßstraße 55

Vom U-Bahnhof Sophie-Charlotte-Platz geht es schnurgerade nach Norden auf das Schloss Charlottenburg zu, dessen Kuppel im Winter am besten zu sehen ist, wenn die Kastanienbäume keine Blätter haben. Auf Höhe der Zillestraße wird die **Schloßstraße** zur breiten Allee mit baumbestandener Mittelpromenade, auf der es sich ruhig flanieren lässt. In der Zillestraße, nur wenige Schritte weiter, residiert das **Museum Charlottenburg-Wilmersdorf** in einer noblen Villa und erzählt Alltagsgeschichten aus dem Doppelbezirk. An der Ecke Schustehrusstraße lohnt ein kleiner Abstecher in das

300 Jahre alte Charlottenburg. Der Ursprungsbau der **Luisenkirche** 1 mitten auf dem Gierkeplatz entstand 1716.

Das älteste, teilweise original erhaltene **Wohnhaus** im heutigen Bezirk Charlottenburg ist die Schustehrusstraße 13. In Räumen dieses Barockensembles mit romantischem Innenhof zeigt das **Keramik-Museum Berlin** 2 seine Sammlung an Gefäßen und Baukeramik vom 19. Jh. bis heute (Fr–Mo 13–17 Uhr).

Im ehemaligen Ägyptischen Museum an der Schloßstraße fand die bedeutende surrealistische **Sammlung Scharf-Gerstenberg** 3 eine Heimat. Im Nebengebäude ist die **Abguss-Sammlung antiker Plastik** (Do–So 14–17 Uhr) untergebracht. Auf der gegenüberliegenden Straßenseite, finden sich zwei weitere herausragende Museen: Das **Bröhan-Museum** 4 hat sich auf Jugendstil, Art déco und Funktionalismus vor allem im Kunstgewerbe spezialisiert. Das **Museum Berggruen** 5 präsentiert Meisterwerke der klassischen Moderne, überwiegend Picasso, Klee, Giacometti und Matisse, die der Kunstsammler Heinz Berggruen (1914–2007) der Stadt Berlin überlassen hat.

Nun aber: **Schloss Charlottenburg** 6 10. Hoch zu Ross empfängt der Große Kurfürst die Besucher im Ehrenhof. Das bronzene Reiterstandbild stammt von Andreas Schlüter. Das Schloss, 1695–99 erheblich kleiner für Sophie Charlotte erbaut, wurde nach dem frühen Tod der ersten preußischen Königin 1705 wie die angrenzende Siedlung Lietzenburg nach ihr benannt. Alle Hohenzollern-Herrscher bis 1918 haben zumindest zeitweise hier mit ihren Frauen gelebt und ihre Spuren bei der Veränderung des Bauwerks und in der Innenausstattung hinterlassen.

Schloss Charlottenburg

Zu besichtigen sind prachtvolle Wohnräume, festliche Säle, das Porzellankabinett, die Schlosskapelle, Kronschatz und Silberkammer, die größte Sammlung französischer Malerei des 18. Jhs. außerhalb Frankreichs und andere Kostbarkeiten. Im östlich anschließenden Neuen Flügel sind u. a. glanzvolle Rokoko-Festsäle, das Schlafzimmer der Königin Luise und bedeutende Skulpturen zu bewundern. Im **Museumsshop Charlottenburg** im Durchgangsgebäude kann man »einkaufen wie bei Hofe« (s. Shopping, S. 145).

Gleich hinter dem östlichen Eingang zum Schlossgarten zeigt der **Neue Pavillon** 7, entworfen von Karl Friedrich Schinkel, Meisterwerke dieses großen Baumeisters und Stadtplaners. Nach barockem Vorbild wurde das **Parterre** 8 angelegt, kunstvoll ornamentierte Beete direkt an der Gartenfront des Schlosses, die im Frühling und Sommer in schönster Blüte stehen. Der weitläufige Landschaftsgarten, der im Osten und Norden an die Spree grenzt, schließt einen Karpfenteich und die kleine Luiseninsel ein. Sehenswert ist das **Belvedere** mit der **KPM-Porzellansammlung** 9. Im **Mausoleum** für Königin Luise sind auch Kaiser Wilhelm I. und Kaiserin Augusta bestattet. Man verlässt den Schlossgarten auf der Westseite, vorbei am einstigen Theaterbau, seit 2015 Ausstellungshaus. In der **Großen Orangerie** finden regelmäßig festliche Konzerte statt (Berliner Residenz Konzerte, www.konzerte-berlin.com). Die kleine Orangerie gegenüber lädt zur Kaffeepause (€) ein.

Belvedere

Touren im Anschluss: 28, 29

N
0
200 m
Belvedere/
KPM-Porzellansamml.
9
SCHLOSS-
Karpfen-
teich
Mausoleum
GARTEN
Parterre
8
10
Schloss
Charlottenburg
Neuer
Pavillon
7
Neuer Flügel
6
Theaterbau
Orangerie
Luisen-
pl.
Sammlung
Scharf-Gerstenberg
3
Museum
Berggruen
5
Bröhan-
museum
4
Abguss-
Sammlung
Luisen-
kirche
1
2
Keramik-
Museum
Schustehrus-
park
Museum
Charlottenburg-
Wilmersdorf
Auferstehungs-
kirche
Gustav-
Adolf-K.
St.-Kamillus
Olbers-
Tegeler
Weg
Osnabrücker
Str.
Mierendorff-
platz
MIEREN-
DORFFPL.
Mierendorffstr.
Kamminer
Taurogg.
Sömmeringstr.
Schloßbr.
Charlottenburger Ufer
Wintersteinstr.
Otto-Suhr-Allee
Richard-
Wagner-
Pl.
R.-WAGNER-PL.
R.-Wagner-Str.
Pulsstr.
Heubnerw.
Mollwitzstr.
Sophie-Charlotten-Str.
Spandauer Damm
Klausener-
pl.
WESTEND
Gardes-du-Corps-Str.
Neufert-
str.
Stallstr.
Nithackstr.
Kaiser-
Gierke-
Wulfs-
heinstr.
Schustehrus-
str.
Christ-
str.
Seeling-
str.
Danckelmann-
Nehringstr.
Schloßstraße
Friedrich-
Fritschestr.
Zillestr.
Wilmersdorfer
Str.
Kaiserdamm
West
7
CHARLOTTENBURG
Knobelsdorffstr.
Knobelsdorff-
brücke
Sophie-Charlotten-
Str.
Wundt-
str.
Sophie-
Charl.-
Pl.
Schloßstr.
SOPHIE-
CHARLOTTE-
PLATZ
10
Bismarck-
str.
BISMARCK-
STR.
Kaiser-
dammbr.
Kaiserdamm
Witz-
leben-
platz
Windscheidstr.
Schillerstr.

Tour 11

Mauerweg 1 und Jüdisches Museum

Potsdamer Platz › Martin-Gropius-Bau › Checkpoint Charlie › Berlinische Galerie › Jüdisches Museum Berlin › Mehringplatz › Willy-Brandt-Haus

Start: Ⓢ/Ⓤ Potsdamer Platz (S 1, 2, 25; U 2; Regionalbahn)
Ziel: Ⓤ Hallesches Tor (U 1)
Wann: bei schönem Wetter, Museen auch bei Regen
Distanz: 4 km

Was blieb von der Berliner Mauer? Gedenkstelen, in den Boden eingelassene Steine, die den Verlauf markieren, einzelne Mauersegmente, Dokumentationen, Gedenkstätten und Museen, die direkt oder indirekt die Teilung der Stadt zum Thema haben.

Wer vom Bahnhof nach oben kommt auf den von Hochhäusern umgebenen **Potsdamer Platz** kann sich nicht vorstellen, wie es vor 1990 hier ausgesehen hat: Brachland, über das Kaninchen hoppelten, dahinter die schwer bewachte Mauer und der Todesstreifen, davor auf der Westseite eine Aussichtsplattform, ein paar Souvenirbuden und das »letzte Haus am Potsdamer Platz«. Am Bahnhofsausgang Ebertstraße geben Informationstafeln, von Mauersegmenten flankiert, Auskunft über den einstigen Grenzverlauf und zum Berliner Gedenkkonzept.

An der Stresemannstraße gegenüber dem U-Bahn-Eingang sind originale **Segmente der hinteren Sperrmauer** 1 erhalten, die in den Neubau des Bundesministeriums für Umwelt integriert wurden. Eine doppelte Pflastersteinreihe markiert, soweit nicht durch neue Bebauung unterbrochen, den innerstädtischen Mauerverlauf, der Berlin auf einer Länge von 40 km teilte. Einzelne Stationen der »Geschichtsmeile Berliner Mauer« erläutern mit historischen Fotos Ereignisse, die sich am jeweiligen Standort zugetragen haben. Ecke Stresemann-/Niederkirchnerstraße knickte die Mauer nach Osten ab. Sie trennte hier das heutige **Abgeordnetenhaus** 2, ehemals Preußischer Landtag und in der DDR ungenutzt, vom **Martin-Gropius-Bau** 3 auf der Westseite. Der Eingang zu diesem Prachtbau aus dem 19. Jh., der mit bedeutenden internationalen Ausstellungen aufwartet, befand sich zu Mauerzeiten auf der Südseite.

Die Gedenkstätte **Topographie des Terrors** 4 dokumentiert auf dem Gelände des Reichssicherheitshauptamts und im Dokumentationszentrum den Terror des Naziregimes. An der originalen Berliner Mauer davor sind Löcher zu sehen, die Souvenirjäger, Mauerspechte genannt, 1989 geschlagen haben. An der Zimmerstraße 95–101, Ecke Wilhelmstraße, hat sich der **Hi-Flyer** etabliert. Hier kann man sich für spektakuläre Aussichten mit dem Fesselballon in die Luft erheben. Hier startet auch eine »Trabi-Safari« oder man lässt sich – umweltfreundlicher – im Elektro-Tuk-Tuk durch die Stadt kutschieren.

Checkpoint Charlie

Am **Checkpoint Charlie** 5, dem ehemalige Ausländerübergang in der Friedrichstraße, standen sich 1961 unmittelbar nach dem Mauerbau sowjetische und amerikanische Panzer in brisanter Situation gegenüber. Heute konkurrieren hier Information und Kommerz. Die Ausstellung in der **Black Box** hat den »Kalten Krieg« zum Thema. Gegenüber gibt das **Mauer-Panorama** des Künstlers Yadegar Asisi einen emotionalen Eindruck vom Leben mit der Mauer. Das **Mauermuseum – Haus am Checkpoint Charlie** (tgl. bis 21 Uhr) zeigt u. a. Objekte, mit deren Hilfe waghalsige Fluchtversuche gelungen sind.

An der **Rudi-Dutschke-Straße**, im pulsierenden Zeitungsviertel der 1920er-Jahre haben heute die Tageszeitung taz (Nr. 18) und der Axel-Springer-Verlag ihren Sitz. In der Axel-Springer-Passage zwischen Rudi-Dutschke- und Zimmerstraße finden sich Bistro-Restaurants und eine schicke Bar. Mitten in einer ruhigen Wohngegend in der Alten Jacobstraße hat die **Berlinische Galerie** 6, das Landesmuseum für Moderne Kunst, Fotografie und Architektur, eine ständige Bleibe in einem ehemaligen Glaslager gefunden; auch das ein West-Berliner Kuriosum: Es wurde gebunkert, was für Notzeiten hätte wichtig werden können, in diesem Falle Glas.

MAL PAUSE MACHEN

Hinter dem Jüdischen Museum erstreckt sich der Museumsgarten – das **Museumscafé Schmus** verwöhnt mit leckeren Kuchen und mediterranen Köstlichkeiten.

Verkehrsberuhigte Sträßchen stellen im Neubaublock die Verbindung zur Lindenstraße her und zum **Jüdischen Museum** 7. Daniel Libeskind schuf das außergewöhnliche Gebäude, das mit dem Barockbau des ehemaligen Kammergerichts verbunden ist. Die Ausstellung ist ein spannender Streifzug durch 2000 Jahre jüdische Kultur in Deutschland. Die Franz-Klühs-Straße kreuzt die Friedrichstraße, die linker Hand am **Mehringplatz** 8 endet, und stößt dann auf die Wilhelmstraße. An der Ecke Stresemannstraße sind das **Willy-Brandt-Haus** 9, die SPD-Zentrale, und das **Hebbel-Theater** 10 aus den 1920er-Jahren sehenswert, das als »Hebbel am Ufer« (HAU) in drei Spielstätten mit innovativen Theaterformaten Furore macht.

Tour im Anschluss: 12

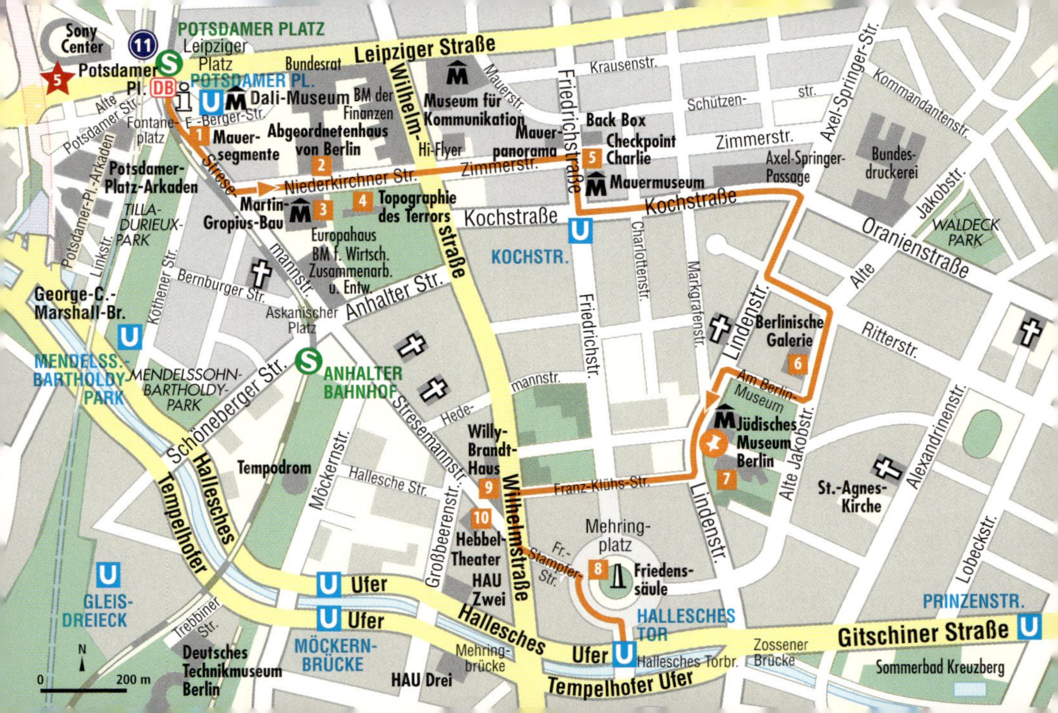

Sony Center
5 Potsdamer Pl.
11
POTSDAMER PLATZ
Leipziger Platz
POTSDAMER PL.
DB
1 Mauer-segmente
Dali-Museum
Bundesrat
BM der Finanzen
2 Abgeordnetenhaus von Berlin
3 Martin-Gropius-Bau
4 Topographie des Terrors
Europahaus
BM f. Wirtsch. Zusammenarb. u. Entw.
Leipziger Straße
Wilhelm-straße
Museum für Kommunikation
Mauerstr.
Hi-Flyer
Mauer-panorama
Back Box
5 Checkpoint Charlie
Mauermuseum
Krausenstr.
Schützen-str.
Zimmerstr.
Axel-Springer-Passage
Axel-Springer-Str.
Kommandantenstr.
Bundes-druckerei
Jakobstr.
WALDECK PARK
Oranienstraße
Alte Jakobstr.
Ritterstr.
Alexandrinenstr.
Lobeckstr.
St.-Agnes-Kirche
6 Berlinische Galerie
Lindenstr.
Am Berlin-Museum
Jüdisches Museum Berlin
7
Markgrafenstr.
Charlottenstr.
Friedrichstraße
Friedrichstr.
Kochstraße
KOCHSTR.
Zimmerstr.
Niederkirchner Str.
Stresemannstr.
Anhalter Str.
Askanischer Platz
ANHALTER BAHNHOF
Bernburger Str.
Köthener Str.
Linkstr.
Potsdamer-Pl.-Arkaden
Potsdamer Str.
Alte Pots.
Fontane-platz
E.-Berger-Str.
Potsdamer-Platz-Arkaden
TILLA-DURIEUX-PARK
George-C.-Marshall-Br.
MENDELSS.-BARTHOLDY-PARK
MENDELSSOHN-BARTHOLDY-PARK
Schöneberger Str.
Tempodrom
Möckernstr.
Hallesche Str.
Halleschés Ufer
Tempelhofer Ufer
MÖCKERN-BRÜCKE
Deutsches Technikmuseum Berlin
Trebbiner Str.
GLEIS-DREIECK
Hedemannstr.
Willy-Brandt-Haus
9
10 Hebbel-Theater
HAU Zwei
HAU Drei
Großbeerenstr.
Mehring-brücke
Wilhelmstraße
Fr.-Stampfer-Str.
Franz-Klühs-Str.
Mehring-platz
8 Friedens-säule
HALLESCHES TOR
Halleschès Torbr.
Zossener Brücke
Gitschiner Straße
PRINZENSTR.
Sommerbad Kreuzberg
200 m
0
N

Tour 12

Kreuzberger Nächte – auch bei Tag

Gedenkbibliothek › Riehmers Hofgarten › Viktoriapark mit Nationaldenkmal › Platz der Luftbrücke › Chamissoplatz › Marheinekeplatz › Bergmannstraße

Start:	Ⓤ Hallesches Tor (U 1, 6)
Tipp:	Wer zuvor das Deutsche Technikmuseum besichtigen möchte, steigt Ⓤ Möckernbrücke (U 1, 7) aus
Ziel:	Ⓤ Mehringdamm (U 6, 7)
Wann:	Spaziergang bei gutem Wetter; abends Kneipenszene Bergmannstraße/Marheinekeplatz
Distanz:	5,5 km

Bürgerliche Wohnkultur der Gründerzeit und quirlige Kiezatmosphäre, dazu eine alternative Kultur- und Kneipenszene sorgen für die typische Kreuzberger Mischung.

Der U-Bahn-Ausgang Hallesches Tor befindet sich an der Brücke zwischen den Straßen Hallesches Ufer/Gitschiner Straße und Tempelhofer Ufer/Waterloufer, die den Landwehrkanal begrenzen. Nördlich beginnt am Mehringplatz die Friedrichstraße, südlich liegt der Blücherplatz mit der **Gedenkbibliothek** 1. Die 1954 eröffnete Bibliothek war ein Geschenk der USA als Symbol für Bildungs- und Meinungsfreiheit in West-Berlin. Blücherplatz und Blücherstraße sind jedes Jahr zu Pfingsten Schauplatz eines multikulturellen Straßenfestes, das den Karneval der Kulturen, Berlins größte und bunteste Straßenparade, begleitet. Über Blücherstraße und Mehringdamm erreicht man den Eingang zu den **Friedhöfen am Halleschen Tor** 2, u.a. mit den Grabstätten von Felix Mendelssohn-Bartholdy, E.T.A. Hoffmann und Adalbert Chamisso. Burgenähnlich erhebt sich auf der gegenüberliegenden Straßenseite das **Finanzamt Kreuzberg.** 1853 als Kaserne für 500 Soldaten erbaut, bot es auch 700 Pferden auf dem weitläufigen Exerziergelände Platz.

Im Eckhaus an der Yorckstraße (Mehringdamm 34) residiert das **BKA,** die Berliner Kabarett-Anstalt. Vor der beliebten Imbissbude **Curry 36** (Mehringdamm 36) stehen Hungrige auch nachts Schlange für die angeblich beste Currywurst Berlins. Noch länger ist die Schlange vor **Mustafas Gemüsekebap** (Mehringdamm 32).

Curry 36

Weiter geht es rechts in die Yorckstraße und auf die andere Straßenseite, vorbei an der in die Häuserreihe integrierten Kirche St. Bonifatius. Neben den Yorck-Kinos gibt es einen Eingang in **Riehmers Hofgarten** 3. Der Wohnkomplex von 1881 mit seinen aufwändigen Stuckfassaden rahmt begrünte Innenhöfe ein. Wer Gründerzeitfeeling hautnah erleben will, mietet sich im **Hotel Riehmers Hofgarten** (s. Hotels, S. 133) ein, zu dem das Restaurant **e.t.a. hoffmann** (€€€) gehört.

Ein Ausgang liegt an der Großbeerenstraße, die direkt auf den **Viktoria-Park** mit seinem rauschenden Wasserfall zuführt. Bei Einbruch der Dunkelheit und im Winter wird das Wasser abgestellt. Spazierwege winden sich hinauf zum 66 m hohen Gipfel des Kreuzbergs. Der wird bekrönt von Schinkels **Nationaldenkmal** 4, von dessen Sockel man eine herrliche Rundumsicht auf die Stadt hat. Im Sommer ist der Biergarten Golgatha wichtige Station, sonst geht der Weg gleich ein Stück abwärts zur Methfesselstraße und diese wieder aufwärts zum **Viktoria Quartier.** Das schicke Wohnviertel integriert die historischen Bauten der ehemaligen Schultheiss-Brauerei.

Über die Dudenstraße gelangt man zum Platz der Luftbrücke vor dem ehemaligen Flughafen Tempelhof. Das **Luftbrückendenkmal** 5 erinnert an die Berlin-Blockade 1948/49, als der Westteil der Stadt fast ein Jahr lang aus der Luft versorgt wurde. Heute ist das einstige Flugfeld ein riesiger Park – Spielwiese und Sportplatz für alle bewegungsfreudigen Berliner und Berlinbesucher (Eingänge am Columbiadamm und Tempelhofer Damm/ Paradestraße). Der Spaziergang führt über Mehringdamm, Fidicin-, Kopisch- und Willibald-Alexis-Straße zum fast idyllischen **Chamissoplatz** 6. Die umgebenden Mietshäuser wurden zum Musterbeispiel für ein gelungenes Sanierungsprojekt.

Knofi

Lebhafter geht es rund um den **Marheinekeplatz** 7 zu. Hier, in der Zossener Straße und vor allem in der **Bergmannstraße** reihen sich Geschäfte mit Trödel und Antiquitäten, Boutiquen und Buchläden sowie Bars und Restaurants für lange Kreuzberger Nächte aneinander. Zwei Empfehlungen: der Comic-Laden **Grober Unfug** (s. Shopping, S. 144) und das orientalische Delikatessengeschäft **Knofi** (Nr. 98). In der Gneisenaustraße 2 lohnt der Besuch des **Mehringhofs** 8 mit seinen alternativen Projekten und dem Mehringhof-Theater für Kabarett-Gastspiele.

MAL PAUSE MACHEN

Lassen Sie sich an den **kulinarischen Ständen** in der **»marheineke markthalle«** verführen: Asiasnack, Leben wie Gott in Frankreich, Biobüfett, Pasta und Antipasti – alles frisch zubereitet.
• Marheinekeplatz

Tour im Anschluss: 11

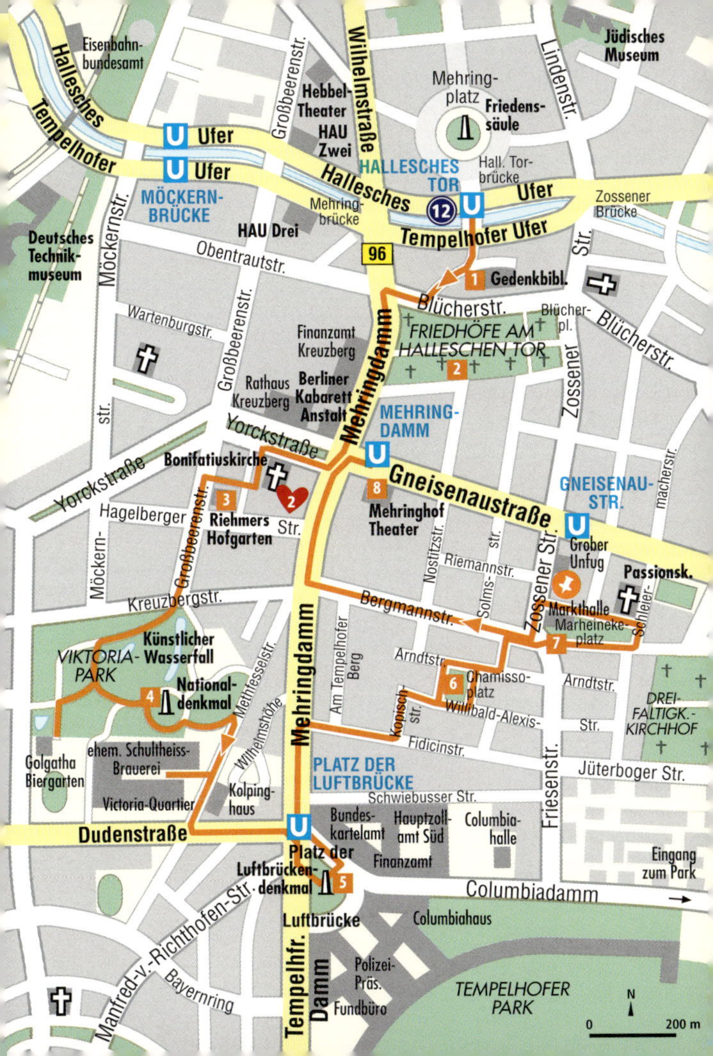

Eisenbahn-bundesamt
Hallesches
Tempelhofer
Ufer
Ufer
MÖCKERNBRÜCKE
Großbeerenstr.
Hebbel-Theater
HAU Zwei
Wilhelmstraße
Mehring-platz
Friedenssäule
Lindenstr.
Jüdisches Museum
HALLESCHES TOR
Hall. Torbrücke
Hallesches
Ufer
Zossener Brücke
12
Mehringbrücke
Tempelhofer Ufer
HAU Drei
Deutsches Technikmuseum
Möckernstr.
Obentrautstr.
96
1
Gedenkbibl.
Str.
Blücherstr.
Blücherpl.
Blücherstr.
Wartenburgstr.
Großbeerenstr.
Finanzamt Kreuzberg
Mehringdamm
FRIEDHÖFE AM HALLESCHEN TOR
2
Zossener
Rathaus Kreuzberg
Berliner Kabarett Anstalt
MEHRINGDAMM
str.
Yorckstraße
Yorckstraße
Bonifatiuskirche
2
Gneisenaustraße
GNEISENAUSTR.
machersr.
8
3
Hagelberger
Riehmers Hofgarten
Str.
Mehringhof Theater
Großbeerenstr.
Nostitzstr.
str.
Zossener Str.
Grober Unfug
Passionsk.
Riemannstr.
Möckern-
Kreuzbergstr.
Bergmannstr.
Solms-
Markthalle
Marheinekeplatz
Schleier-
7
Künstlicher Wasserfall
VIKTORIAPARK
Arndtstr.
Am Tempelhofer Berg
6
Chamissoplatz
Arndtstr.
4
Nationaldenkmal
Methfesselstr.
Wilhelmshöhe
Mehringdamm
Kopischstr.
Willibald-Alexis-
Str.
DREIFALTIGK.-KIRCHHOF
Golgatha Biergarten
ehem. Schultheiss-Brauerei
Fidicinstr.
PLATZ DER LUFTBRÜCKE
Jüterboger Str.
Victoria-Quartier
Kolpinghaus
Schwiebusser Str.
Friesenstr.
Dudenstraße
Bundeskartelamt
Hauptzollamt Süd
Columbiahalle
Platz der
Luftbrückendenkmal
5
Finanzamt
Eingang zum Park
Columbiadamm
Manfred-v.-Richthofen-Str.
Luftbrücke
Columbiahaus
Tempelhfr. Damm
Polizei-Präs.
Fundbüro
Bayernring
TEMPELHOFER PARK
N
0
200 m

Tour 13

SO 36 und ein Stück türkisches Berlin

Oranienstraße › Heinrichplatz › Kunstraum Kreuzberg/ Bethanien › Thomaskirche › Michaelkirche › Kottbusser Tor › Maybachufer

Start: Ⓤ Moritzplatz (U 8)
Ziel: Ⓤ Schönleinstraße (U 8); im Sommer auch Weiterfahrt mit dem Schiff möglich!
Wann: am schönsten im Sommer wochentags; türkischer Markt BiOriental Di und Fr 11–18.30 Uhr
Distanz: 6 km

Studentisch, alternativ, rebellisch, türkisch, trendy: Die bunte Kreuzberger Mischung verbreitet vor allem im Sommer ein fast mediterranes Lebensgefühl. Auch Mauerspuren sind zu entdecken.

MAL PAUSE MACHEN

Was im **Prinzessinnengarten** an Gemüse und Kräutern geerntet wird, kann man unter Bäumen in der Gartenküche und im Café probieren.
• Moritzplatz

Der **Moritzplatz** hat mit dem Kreativzentrum **Aufbau Haus**, mit Theater, Geschäften und Galerie (s. Shopping, S. 141) einen kulturellen Anziehungspunkt erhalten. Gegenüber grünt, wächst und gedeiht es im Prinzessinnengarten, einem Pionierprojekt des »Urban Gardening«.

Richtung Südosten beginnt hier der lebhafte Teil der **Oranienstraße** und ein Stück türkisches Berlin. Die alternative Szene hat sich im ehemaligen Postbezirk »SO 36« ihre Nischen bewahrt, und längst sind auch die Trendsetter hier angekommen. Im historischen Wirtshaus **Max und Moritz** (Nr. 162, €) wird immer noch berlinerisch-deftig gekocht, während die Tangoszene die alten Holzdielen als idealen Tanzboden entdeckt hat. Der **Oranienplatz** 1 ist Treffpunkt für türkische Familien und Flüchtlinge. Bis zum **Heinrichplatz** 2 reihen sich links und rechts jede Menge Kneipen, Bars sowie Läden aller Art und vieler Nationalitäten aneinander. **Smyrna Kuruyemis** (Nr. 24) hat Mokka, Tee, Nüsse und andere Knabbereien aus 1001 Nacht im Angebot. Originell sind die Bürsten und Korbwaren der **Imaginären Manufaktur der Blindenanstalt Berlin** (s. Shopping, S. 142). Neben der **Galerie der Neuen Gesellschaft für Bildende Kunst** (Nr. 25) sind diverse Buchläden zu finden. Der legendäre Klub **SO36** (Nr. 190) ist heute Bar, Lounge und Dancefloor (s. Nightlife, S. 148). Im **Hanf Haus** (Nr. 192) wird Modisches, Kosmetik und Tee angeboten. Die **Rote Harfe** (Nr. 13, €€), einst Treffpunkt für linke Biertrinker, serviert heute gehobene Küche.

Bethanien 3 am Mariannenplatz, einst ein Krankenhaus, in dessen Apotheke Theodor Fontane wirkte, wurde in den 1970er-Jahren besetzt und hat seither eine bewegte Geschichte. Heute bietet es als Kunstquartier Raum für Veranstaltungen; für Kulinarisches sorgt das Café-Restaurant Drei Schwestern (€–€€).

Thomaskirche

Die **Thomaskirche** 4 grenzte unmittelbar an die Berliner Mauer, die nach links dem Bogen des Bethaniendamms folgte. Hier verlief bis 1926 der Luisenstädtische Kanal, der die Spree mit dem Landwehrkanal verband. Die **Michaelkirche** 5 ist teilweise Kriegsruine geblieben.

Das **Engelbecken** 6 wurde 1946 mit Kriegsschutt aufgefüllt, 1961 verschwand die Anlage hinter der Mauer. Inzwischen ist nicht nur am Legiendamm der ehemalige Todesstreifen mit Neubaublocks bebaut, auch ein Teil der Grünanlage südlich des wieder mit Wasser gefüllten Engelbeckens ist restauriert. Das Café am Engelbecken (€) lädt zur Pause, der Rosengarten zum Flanieren ein. An der Ecke Waldemarstraße/Leuschnerdamm finden Sie die **Henne,** eines der berühmtesten Gasthäuser Berlins (s. Restaurants, S. 136). Die Mauer verlief unmittelbar neben der Waldemarstraße. In westlicher Richtung hatte sie die Dresdener Straße unterbrochen und die Sebastianstraße der Länge nach geteilt: Die West-Bewohner hatten die Mauer vor der Haustür. An der **Heinrich-Heine-Straße** befand sich ein Grenzübergang für den Warenverkehr. Hier endet der kurze Spaziergang.

Die längere Tour folgt der Dresdener Straße über den Oranienplatz hinweg zum Kottbusser Tor (U-Bahn) und noch weiter über die Kottbusser Straße bis zum **Landwehrkanal.** An den Ufern ist an Sommerabenden viel los. Die Auswahl reicht von den Spitzenrestaurants **Horvath** und **Volt** (Paul-Lincke-Ufer) bis zum griechischen Lokal **Defne** (Planufer; alle drei s. Restaurants, S. 135–139). Viele junge Leute lassen aber auch auf Brücken und an der Böschung Beine und Seele baumeln.

Am Maybachufer findet dienstags und freitags der **türkische Markt BiOriental** 7 mit vielen frischen Produkten statt. Dann wird Kreuzberg zu Klein-Istanbul. **»Neuköllner Stoff«** und lauter schöne Dinge präsentiert der Kunst- und Designmarkt (Sa 11–17 Uhr), am 1. und 3. Sonntag (10–18 Uhr) wird das Maybachufer zum **»Nowkölln Flowmarkt«**. Die Reederei Riedel startet an der Kottbusser Brücke zu lohnenden Schiffstouren (10.30, 14.30 Uhr).

Türkischer Markt BiOriental

Tour im Anschluss: 14

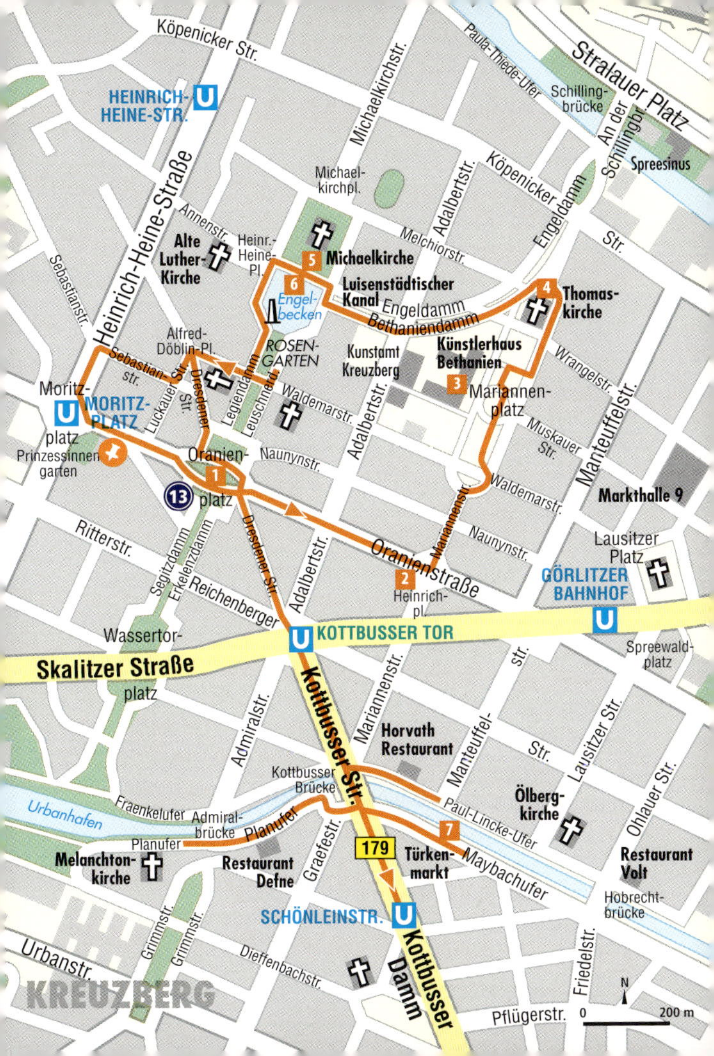

Köpenicker Str.
HEINRICH-HEINE-STR.
Michaelkirchstr.
Paula-Thiede-Ufer
Stralauer Platz
Schillingbrücke
An der Schillingbr.
Spreesinus
Michaelkirchpl.
Adalbertstr.
Köpenicker Str.
Engeldamm
Heinrich-Heine-Straße
Annenstr.
Heinr.-Heine-Pl.
Alte Luther-Kirche
Michaelkirche
Melchiorstr.
Sebastianstr.
Luisenstädtischer Kanal
Engelbecken
Engeldamm
Bethaniendamm
Thomaskirche
Alfred-Döblin-Pl.
ROSENGARTEN
Kunstamt Kreuzberg
Künstlerhaus Bethanien
Wrangelstr.
Sebastianstr.
Moritzplatz
MORITZPLATZ
Luckauer Str.
Dresdener Str.
Legiendamm
Leuschnerd.
Waldemarstr.
Mariannenplatz
Muskauer Str.
Manteuffelstr.
Prinzessinnengarten
Oranienplatz
Naunynstr.
Waldemarstr.
Markthalle 9
Mariannenstr.
Ritterstr.
Segitzdamm
Erkelenzdamm
Dresdener Str.
Adalbertstr.
Naunynstr.
Oranienstraße
Heinrichpl.
Lausitzer Platz
GÖRLITZER BAHNHOF
Reichenberger
Wassertorplatz
KOTTBUSSER TOR
Skalitzer Straße
Spreewaldplatz
Mariannenstr.
Manteuffelstr.
Admiralstr.
Kottbusser Str.
Horvath Restaurant
Lausitzer Str.
Kottbusser Brücke
Ölbergkirche
Ohlauer Str.
Urbanhafen
Fraenkelufer
Admiralbrücke
Planufer
Paul-Lincke-Ufer
Graefestr.
179
Türkenmarkt
Maybachufer
Restaurant Volt
Melanchtonkirche
Restaurant Defne
Hobrechtbrücke
SCHÖNLEINSTR.
Grimmstr.
Urbanstr.
Dieffenbachstr.
Kottbusser Damm
Friedelstr.
KREUZBERG
Pflügerstr.
N
0
200 m

Tour 14

Von Kreuzberg nach Friedrichshain

Schlesisches Tor › Schlesische Straße › Oberbaumbrücke › Warschauer Straße › Frankfurter Allee › Karl-Marx-Allee

Start: Ⓤ **Schlesisches Tor (U 1)**
Ziel: Ⓤ **Samariterstraße oder** Ⓤ **Frankfurter Tor (U 5)**
Wann: **jederzeit, am schönsten an einem Sommerabend**
Distanz: **5 km**

Die Tour beginnt im äußersten Osten Kreuzbergs und endet im Szeneviertel Friedrichshain. Die Verbindung über die Spree stellt die 1894/95 erbaute Oberbaumbrücke her.

Ob in Kreuzberg (West) oder in Friedrichshain (Ost): Hier wie da tobt das junge Nachtleben, gibt es Bars, Restaurants und Klubs in Fülle, daneben Kultureinrichtungen und überraschend lauschige Plätze.

Wer von der Hochbahn am **Schlesischen Tor** herunterkommt, sieht gegenüber, auf der Mittelinsel, eine architektonisch schmucke Berliner Besonderheit in grün gestrichener Eisenkonstruktion: Das **Café Achteck** 1 diente früher allgemein dringenden Bedürfnissen und ist noch vielerorts als Denkmal erhalten. In dieses Exemplar ist eine Imbissbude eingezogen.

Der Spaziergang beginnt im Wrangel-Kiez und macht zwischen Oppelner, Wrangel-, Cuvry- und Schlesischer Straße mit der bunten Berliner Mischung bekannt. Ein schönes und preiswertes Hotel ist **Die Fabrik** (Schlesische Str. 18, s. Hotels, S. 131), Pizza und Eis all'italiana gibt es bei **Aldemir** (Falckensteinstr. 7). Man findet hier türkische, afrikanische, indische, vietnamesische und libanesische Imbisslokale sowie Secondhandshops. Dazu passt durchaus die mächtige **Marienkirche** 2, die 1905 im neoromanischen Stil erbaut wurde. In der Cuvrystraße kann man im **Lido** (Nr. 2, s. Nightlife, S. 147) Live-Konzerten lauschen. Hier beginnen die »Menschenlandschaften«, eine Reihe von Skulpturen, die ihre Fortsetzung zwischen **Schlesischer Straße** und **May-Ayim-Ufer** findet. Schon 1987 setzten sich Künstler mit dem Thema Einwanderung und Kreuzberg auseinander. Folgt man der Schlesischen Straße nach rechts, landet man bald an Resten der Grenzsperranlagen mit Brachfläche und einem **Originalwachturm** 3. Auf der gegenüberliegenden Seite breitet sich ein ehemaliges Industriegelände aus. Von hier ist es nicht weit zur **Arena** 4 und dem Badeschiff. Am Flutgraben und am Schleusenufer haben sich in idyllischer Lage mehrere Musikklubs angesiedelt (Freischwimmer, Club der Visionäre, Chalet Berlin). Zurück geht es über die Schlesische Straße, rechts in die Falckensteinstraße – hier hat der Klub **Watergate** den besten Blick auf Wasser und Tor (s. Nightlife, S. 149) – und weiter über die **Oberbaumbrücke** 5. Das Bauwerk in märkischer Backsteingotik von 1896 wurde 1961 zum Grenzsperrgebiet und nach 1990 restauriert. Nun rumpelt die U-Bahn wieder bis zur Warschauer Straße.

MAL PAUSE MACHEN

Österreichische Küche im **Rio Grande** oder eine Ausstellung im **Spreeraum**: Beide Nachbarn in der Kaimauer haben Terrassenplätze mit bester Sicht auf die Spree und Oberbaumbrücke.
• May-Amin-Ufer 9

Oberbaumbrücke

Von der Brückenmitte öffnet sich links, Richtung Nordwesten, ein schönes Panorama vom Zentrum mit dem Fernsehturm zur Orientierung. Im Osten steigt der höchste Büroturm Berlins, die **Treptowers,** in die Höhe, und aus dem Wasser der Spree erhebt sich, 30 m hoch, der **Molecule Man** von Jonathan Borofsky (1997), eine Aluminium-Skulptur aus drei Figuren, die je nach Blickwinkel zu einer einzigen werden. Die großen Speichergebäude an den Spreeufern beherbergen Medien- und Modeunternehmen. Am nördlichen Osthafen sollen künftig historische Schiffe ankern.

East Side Gallery

Am Ende der Brücke nach links in den Mühlendamm erreicht man die **East Side Gallery** 6, ein 1,3 km langes Stück der Hinterlandmauer, die nach der Wende von internationalen Künstlern bemalt, mehrmals saniert und durch Schmierereien wieder verunstaltet wurde.

Die **Warschauer Brücke** überspannt ein großes Bahngelände. Das ehemalige Reichsbahnausbesserungswerk **RAW** 7 an der Revaler Straße bietet viel Platz für Kultur, Freizeit und soziale Projekte. Sonntags sorgen dort auf dem »Village Market« (12 bis 22 Uhr) rund 20 mobile Küchen für Streetfood aus aller Welt (Revaler Str. 99). Für den anspruchsvollen Gaumen empfiehlt sich das Restaurant Schneeweiß (s. Restaurants, S. 138).

Die Simon-Dach-Straße und die angrenzenden Straßen sind das Ausgehviertel in Friedrichshain. Zum Kiez gehört der **Boxhagener Platz** 8. Auf dem »Boxi« findet sonntags (10–18 Uhr) ein Trödelmarkt statt. Durch die Mainzer Straße, Zentrum der Ost-Berliner Hausbesetzungen der frühen 1990er-Jahre, erreicht man die Frankfurter Allee (U-Bahn Samariterstraße).

Am **Frankfurter Tor** 9 (mit dem Blick Richtung Fernsehturm) beginnt die **Karl-Marx-Allee,** Deutschlands längstes Baudenkmal (1500 m) mit Häusern im sozialistischen Zuckerbäckerstil.

Tour im Anschluss: 17 (mit Tram 10 zum Start)

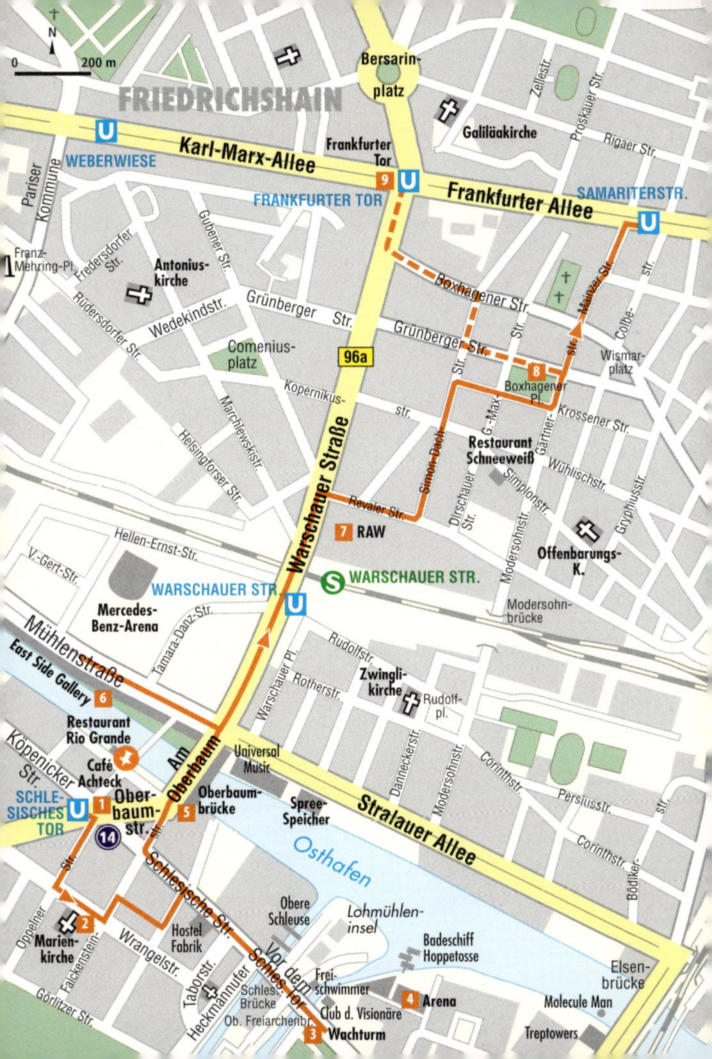
N
0
200 m
FRIEDRICHSHAIN
Bersarin-
platz
Galiläakirche
Zellestr.
Proskauer Str.
Rigaer Str.
Karl-Marx-Allee
Frankfurter
Tor
Frankfurter Allee
WEBERWIESE
FRANKFURTER TOR
SAMARITERSTR.
Pariser
Kommune
Gubener Str.
Franz-
Mehring-Pl.
Fredersdorfer
Str.
Antonius-
kirche
Rüdersdorfer Str.
Wedekindstr.
Grünberger Str.
Grünberger Str.
Boxhagener Str.
Mainzer Str.
Colbe-
Str.
Comenius-
platz
96a
Kopernikus-
str.
Wismar-
platz
Boxhagener
Pl.
Krossener Str.
Gärtner-
G.-Max-
Marchlewskistr.
Helsingforser Str.
Warschauer Straße
Simon-Dach-
Restaurant
Schneeweiß
Wühlischstr.
Simplonstr.
Dirschauer
Str.
Modersohnstr.
Gryphiusstr.
Revaler Str.
7
RAW
Offenbarungs-
K.
Hellen-Ernst-Str.
V.-Gert-Str.
WARSCHAUER STR.
WARSCHAUER STR.
Mercedes-
Benz-Arena
Tamara-Danz-Str.
Modersohn-
brücke
Mühlenstraße
East Side Gallery
6
Rudolfstr.
Rotherstr.
Warschauer Pl.
Zwingli-
kirche
Rudolf-
pl.
Restaurant
Rio Grande
Café
Achteck
Köpenicker
Str.
Am
Oberbaum
Universal
Music
Danneckerstr.
Modersohnstr.
Corinthstr.
Persiusstr.
Corinthstr.
SCHLE-
SISCHES
TOR
1
Ober-
baum-
str.
14
5
Oberbaum-
brücke
Spree-
Speicher
Stralauer Allee
Osthafen
Bödiker-
Str.
Schlesische Str.
Obere
Schleuse
Lohmühlen-
insel
2
Marien-
kirche
Oppelner
Falckenstein-
Wrangelstr.
Hostel
Fabrik
Badeschiff
Hoppetosse
Elsen-
brücke
Vor dem
Schles. Tor
Frei-
schwimmer
Taborstr.
Heckmannufer
Schles.
Brücke
Ob. Freiarchenbr.
Club d. Visionäre
4
Arena
Molecule Man
Görlitzer Str.
3
Wachturm
Treptowers
8
9

Tour 15

Treptower Park

Uferpromenade › Gasthaus Zenner › Insel der Jugend › Archenhold-Sternwarte › Sowjetisches Ehrenmal › Treptowers › Arena/mit Badeschiff

Start:	Ⓢ Treptower Park (S 8, 9, 41, 42)
Ziel:	Ⓢ Treptower Park oder Bus 265 (zum Ⓤ Schlesisches Tor)
Tipp:	von der Anlegestelle nahe Ⓢ Treptower Park mit dem Schiff weiter nach Köpenick
Wann:	am besten an einem sonnigen Wochenende
Distanz:	5,5 km

Der schöne Spaziergang vereint Erholung im Park und am Wasser mit historischen Einsichten und Ausblicken in »astronomische Fernen«.

Blick auf die Treptowers

Die **Allianz Treptowers** 1 mit dem höchsten Büroturm Berlins sind überragender Orientierungspunkt am nördlichen Ende des Treptower Parks, der von der breiten und verkehrsreichen Puschkin-Allee durchschnitten wird. Doch zwischen Rosengarten und Spree lässt es sich auf der Uferpromenade unter alten Platanen an warmen Tagen angenehm flanieren, obwohl (oder weil) dann ganz bestimmt halb Berlin mit Hund, Kind und Kegel unterwegs ist. Auch für Radfahrer und Skater ist der Treptower Park ein äußerst beliebtes Revier.

Viele Ausflügler haben den **Treptower Hafen** 2 zum Ziel, die Hauptanlegestelle der Stern- und Kreisschiffahrt. Andere lassen sich auf den Wiesen zum Sonnenbad oder Picknick nieder, und wieder andere zieht die Ausflugsgaststätte **Gasthaus Zenner** 3 (€–€€) magnetisch an. Vor allem sonntags geht es in Berlins größtem Biergarten an der Spree rund, wenn eine Jazzband schon zum Brunch (10–14 Uhr) einheizt und zum Tanz animiert. Aber auch mittags, zu Kaffee und Kuchen oder am Abend gibt es bei Zenner Musik – live oder von DJs eingespielt: Vom Oldie bis zu Country und Western oder Berliner Schlagern wird alles geboten, was das überwiegend gesetzte Publikum wünscht. Das Zenner am Spreeufer wurde 1822 vom Schinkel-Schüler Langhans d. J. im klassizistischen Stil errichtet. Die Inneneinrichtung stammt aus den 1950er-Jahren. Die Gastronomie setzt auf kulinarische Klassiker mit modernen Akzenten.

Von der Terrasse reicht der Blick hinüber zur **Halbinsel Stralau** und auf den schiefen Turm der Dorfkirche Stralau. Ein ganz besonderes Volksfest zu Lande und zu Wasser ist der Stralauer Fischzug am 24. August. Der einstige Spreetunnel zwischen Treptow und Stralau wurde in den 1960er-Jahren zugeschüttet. Eine stählerne Bogenbrücke führt auf die **Insel der Jugend** 4. Hier sorgt der Verein »Insel Berlin« für ein vielseitiges kulturelles Programm. Man kann Kanus und Tretboote mieten.

Bogenbrücke

Der größere Teil des Treptower Parks liegt südwestlich der Puschkin-Allee. Der Volkspark Treptow, die drittgrößte Parkanlage Berlins, wurde 1876–87 von Gustav Meyer mit Spielwiesen und einem Karpfenteich angelegt, 1896 auf kaiserlichen Befehl für die Berliner Gewerbeausstellung umgestaltet und anschließend teilweise wieder in den ursprünglichen Zustand versetzt. Aus jener Zeit stammt die **Archenhold-Sternwarte** 5. Das ursprüngliche Holzhaus brannte ab und wurde 1909 durch den jetzigen Bau ersetzt. Die Sternwarte beherbergt ein Himmelskundliches Museum und besitzt auf dem Dach das mit 21 m längste Linsenfernrohr der Welt. Das 1896 gebaute technische Meisterwerk steht unter Denkmalschutz, wird aber zu verschiedenen Veranstaltungen in Betrieb gesetzt (www.astw.de).

MAL PAUSE MACHEN

Im weitläufigen **Treptower Park** laden viele Bänke zur Entspannung oder von Großfamilien gern besuchte Wiesen zum Picknick oder Sonnenbad ein.

In der Mitte des Parks, wo Gustav Meyer eine ovale Spiel- und Sportwiese geschaffen hatte, ließ die sowjetische Besatzungsmacht 1946–49 das monumentale **Sowjetische Ehrenmal** 6 als Gedenkstätte für über 5000 gefallene Soldaten im Zweiten Weltkrieg errichten.

Verschiedene Wege durchziehen den Park. Die Tour führt wieder zu den **Allianz Treptowers**. Die riesige Skulptur »Molecule Man« von Jonathan Borofsky in der Spree gehört zur Kunstsammlung des Versicherungsunternehmens, die nicht öffentlich zugänglich ist.

Ein Fußweg entlang der Spree führt zur **Arena** 7, einem wichtigen Veranstaltungsort für Theater, Konzerte und mehr, sowie zum dazugehörigen **Badeschiff** in der Spree. Daneben liegt die **Hoppetosse** vor Anker, ein Restaurant- und Partyschiff, auf dem man genüsslich den Sonnenuntergang erleben kann (€).

Badeschiff

Touren im Anschluss: 14, 19

Lohmühlen-insel
Badeschiff Hoppetosse
Osthafen
Rummels-burger See
Hauptstr.
7 Arena
Molecule Man
Allianz Treptowers 1
An den Treptowers
Kynaststr.
Elsen-brücke
15
Hoffmannstr.
Kulturzentr. "Parkhaus"
TREPTOWER PARK
2 Treptower Hafen
Palmenkernzeile
STRALAU
Puschkin-allee
Karl Marx Denkmal
Alt Stralau
Am Treptower Park
Elsenstraße
Spree
96a
ROSEN-GARTEN
Dorfkirche Stralau
Tunnelstr.
Elsenstr.
Puschkinallee
TREPTOWER PARK
Bekenntnisk.
Liebes-Insel
Pl. am Spree-tunnel
Insel der Jugend 4
Gasthaus 3 Zenner
(in Planung)
Kiefholzstr.
6 Sowjetisches Ehrenmal
Archenhold-Sternwarte 5
Am Treptower Park
Alt Treptow
Stuckstr.
TREPTOW
N
0 200 m

Tour 16

Mauerweg 2

Nordbahnhof › Bernauer Straße mit Gedenkstätte und Dokumentationszentrum Berliner Mauer › Mauerpark › Gleimtunnel › Volkspark Humboldthain › Gesundbrunnen

Start: Ⓢ Nordbahnhof (S 1, 2, 25; Tram M 10)
Ziel: Ⓢ/Ⓤ Gesundbrunnen (S 1, 2, 25, 41, 42; U 8)
Wann: bei trockenem Wetter; Dokumentationszentrum Mo geschl.; So Flohmarkt und (meistens) Karaoke im Mauerpark
Distanz: 4,5 km

In der Bernauer Straße liegt Berlins offizielle Mauergedenkstätte mit Erinnerungsstationen und Resten der Grenzanlagen. Der Weg folgt im Wesentlichen dem einstigen Mauerverlauf.

Im Mauerpark

Der Nordbahnhof war einer jener Geisterbahnhöfe, an denen zur DDR-Zeit U- oder S-Bahnen ohne Halt durchfuhren. Wer heute das kleine Bahnhofsgebäude an der Kreuzung breiter Straßen verlässt, sieht hauptsächlich Neubauten: Schräg gegenüber reihen sich moderne gleichförmige Bürobauten der Deutschen Bahn aneinander, dazwischen breitet sich der **Park auf dem Nordbahnhof** aus. Der **Sportplatz** 1 mit Beach-Bar und Hochseilgarten liegt auf dem ehemaligen Todesstreifen, der ursprünglich Bahngelände war. Teile der Grenzanlagen und Mauerreste sind erhalten. Auch die Bahnhofsmauer entlang der Gartenstraße war in die Grenzsperrung mit einbezogen. An der Kreuzung Garten-/Bernauer Straße war die westliche Welt zu Ende.

Bilder aus der **Bernauer Straße** gingen um die Welt: 1961 sprangen Bewohner der zum Ostteil gehörenden Häuserzeile aus den oberen Fenstern, während die unteren bereits zugemauert wurden. Später wurden die Häuser abgerissen, um Platz für die Sperranlagen zu haben. Als 1989 endlich die Mauer fiel, sollte sie auch schnell aus dem Stadtbild verschwinden. In der Bernauer Straße blieben Reste erhalten. Hier entstand inzwischen ein Gedenkstättenareal mit Erinnerungsstationen, das sich auf 1,4 km Länge bis zur Schwedter Straße erstreckt.

Die **Gedenkstätte Berliner Mauer** 2 11 ist ein abstraktes, kontrovers diskutiertes Kunstwerk, das die originalen Sperranlagen integriert. Vom Aussichtsturm am **Dokumentationszentrum Berliner Mauer** 3 hat man einen guten Überblick auf das Gedenkstättenareal. Im Gebäude erzählt die Dauerausstellung »1961/1989. Die Berliner Mauer« anhand von Biografien und Zeitzeugenberichten, mit Dokumenten, Fotos, Filmen, Hör- und Lesestationen vom Leben auf beiden Seiten der geteilten Stadt. Die **Kapelle der Versöhnung** 4 aus gestampftem Lehm steht an der Stelle, an der 1985 die unzugängliche Versöhnungskirche gesprengt wurde. Im weiteren Verlauf der Bernauer Straße machen originale Relikte, Nachzeichnungen, Fotodokumente, Infostelen und Hörstationen den Grenzverlauf und den Alltag mit der Mauer anschaulich und verweisen auf geglückte und misslungene Fluchtversuche, so an der Strelitzer Straße auf spektakuläre Tunnelfluchten. An der Ruppiner Straße wagte ein DDR-Grenzposten die Flucht über den Stacheldraht

Kapelle der Versöhnung

und warf im Sprung sein Gewehr weg. Sein Foto ist weltberühmt geworden.

An der Schwedter und Eberswalder Straße knickte die Mauer nach Norden ab. Auf dem ehemaligen Todesstreifen zwischen vorderer und hinterer Mauer erstreckt sich der **Mauerpark** 5 bis zur Gleimstraße. Sonntags findet hier ein viel besuchter Flohmarkt statt; ab dem frühen Nachmittag kann sich jeder bei Karaoke versuchen. Östlich an der Böschung ist ein Teilstück der Hinterlandmauer erhalten: Die massiven Schaukeln auf der Höhe erlauben ungewöhnliche Ausblicke; sie gehören zu den diversen Freizeiteinrichtungen. Sportstätten schließen sich an. Die Max-Schmeling-Halle für Großveranstaltungen ist Heimstatt des Handball-Bundesligisten Füchse Berlin. Der Gleimtunnel unter dem Bahngelände war bis 1990 gesperrt. Er verbindet die Stadtteile Prenzlauer Berg und Wedding. Rechts führt die Graunstraße zur **Swinemünder Brücke**, die in manch einem Agententhriller die Glienicker Brücke doubelte.

MAL PAUSE MACHEN

Der Volkspark Humboldthain überrascht mit einem zauberhaften **Rosengarten**, in dem es sich wunderbar verweilen lässt.

- Brunnenstraße

An der Brunnenstraße liegt der **Volkspark Humboldthain** 6; die 85 m hohe Humboldthöhe, aus Kriegsschutt aufgeschichtet, kam nach 1945 hinzu. Der Regional- und Fernbahnhof **Gesundbrunnen** ist wichtiger Verkehrsknotenpunkt. Oben thront ein gigantisches modernes Einkaufszentrum, unter den Bahngleisen vermittelt das **Berliner Unterwelten-Museum** Stadtgeschichte aus ungewöhnlicher Perspektive. Hier starten auch Führungen in den Berliner Untergrund durch Bunker und unterirdische Verkehrswege (www.berliner-unterwelten.de).

Tour im Anschluss: 17 (die Gleimstraße Richtung Osten gehen)

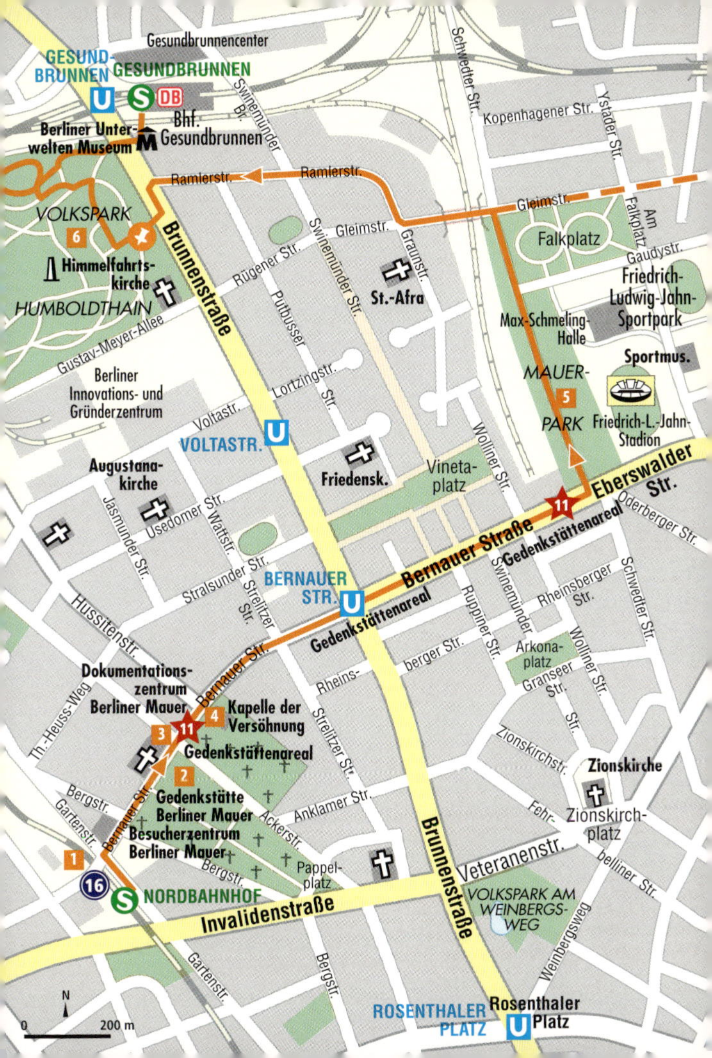

Gesundbrunnencenter
GESUNDBRUNNEN
GESUNDBRUNNEN
DB
Bhf. Gesundbrunnen
Berliner Unterwelten Museum
Swinemünder Br.
Schwedter Str.
Kopenhagener Str.
Ystader Str.
Ramlerstr.
Ramlerstr.
Gleimstr.
Gleimstr.
VOLKSPARK
6
Himmelfahrtskirche
HUMBOLDTHAIN
Brunnenstraße
Rügener Str.
Swinemünder Str.
Graunstr.
St.-Afra
Falkplatz
Am Falkplatz
Gaudystr.
Friedrich-Ludwig-Jahn-Sportpark
Max-Schmeling-Halle
Sportmus.
Gustav-Meyer-Allee
Putbusser Str.
Berliner Innovations- und Gründerzentrum
Lortzingstr.
Voltastr.
VOLTASTR.
MAUER-
5
PARK
Friedrich-L.-Jahn-Stadion
Augustanakirche
Friedensk.
Vinetaplatz
Wolliner Str.
Eberswalder Str.
11
Oderberger Str.
Jasmunder Str.
Usedomer Str.
Wattstr.
Bernauer Straße
Gedenkstättenareal
Stralsunder Str.
Strelitzer Str.
BERNAUER STR.
Swinemünder Str.
Ruppiner Str.
Rheinsberger Str.
Schwedter Str.
Hussitenstr.
Gedenkstättenareal
Bernauer Str.
Rheinsberger Str.
Arkonaplatz
Granseer Str.
Wolliner Str.
Dokumentationszentrum Berliner Mauer
Th.-Heuss-Weg
Bernauer Str.
4
Kapelle der Versöhnung
3
11
Gedenkstättenareal
Strelitzer Str.
Zionskirchstr.
Zionskirche
2
Bergstr.
Gartenstr.
Gedenkstätte Berliner Mauer
Anklamer Str.
Fehrbelliner Str.
Zionskirchplatz
Bernauer Str.
Besucherzentrum Berliner Mauer
Ackerstr.
1
Bergstr.
Pappelplatz
Veteranenstr.
16
NORDBAHNHOF
VOLKSPARK AM WEINBERGSWEG
Invalidenstraße
Brunnenstraße
Weinbergsweg
Gartenstr.
Bergstr.
N
0
200 m
ROSENTHALER PLATZ
Rosenthaler Platz

Tour 17

Szenetreffpunkt Prenzlauer Berg

Schönhauser Allee › Gethsemanekirche › Helmholtzplatz › Kulturbrauerei › Kollwitzplatz › Wasserturm › Wörther Straße › Oderberger Straße › Kastanienallee

Start:	**Ⓢ/Ⓤ Schönhauser Allee (S 8, 9, 41, 42; U 2)**
Ziel:	**Ⓤ Eberswalder Straße (U 2)**
Wann:	**am besten an einem lauen Sommerabend beginnen; auch tagsüber lohnend (Öko-/Wochenmarkt am Kollwitzplatz Do 12–19, Sa 9–16 Uhr)**
Distanz:	**5,5 km**

Prenzlauer Berg, der Szene- und Ausgehbezirk schlechthin, ist berühmt für sein Nachtleben und bei Touristen wie Partygängern gleichermaßen beliebt. Daneben gibt es viel Kunst und Kultur. Diese lockere Atmosphäre schätzen auch Studenten, Künstler und junge Familien, die deswegen gerne hier leben.

Prenzlauer Berg, Teil des Bezirks Pankow, grenzt nördlich an den Bezirk Mitte. Hier finden sich unzählige Kneipen, Bars, Klubs, Cafés und Restaurants, die im Sommer nahezu alle ihre Stühle auf die Straße stellen. Dann fühlt man sich hier fast wie in Italien. Die **Schönhauser Allee,** über deren Mittelstreifen die U-Bahn als Hochbahn donnert, ist die Einkaufsmeile des Bezirks. Von dem gleichnamigen S-/U-Bahnhof kommend, biegen wir an der ersten Kreuzung links – von rechts mündet die Gleimstraße – in die **Stargarder Straße** ein. Schon sieht man die **Gethsemanekirche** 1 aus märkischem Backstein, 1989 ein Zentrum der DDR-Oppositionsbewegung, die zur friedlichen Revolution und zum Fall der Berliner Mauer führte. Gegenüber, in der Nr. 7, ist die **Kleine Eiszeit** erste Verlockung. Beim Eisschlecken auf einer Bank an der Kirche schweift der Blick über die restaurierten Gründerzeitfassaden des einstigen Arbeiterviertels. Rechts in die Pappelallee geht es zu **Becketts Kopf** (Nr. 64), einer Edelbar (20 bis 4 Uhr). Biegt man links in die Raumer Straße ein, kommt man direkt zum Helmholtzplatz.

MAL PAUSE MACHEN

Im **Caféhaus Pakolat** fühlt man sich bei Kaffee und Torte in der hübschen Einrichtung um 100 Jahre zurückversetzt. Am besten auch frisch gerösteten Kaffee für zuhause mitnehmen.
• Raumer Str. 40

Beliebtester Treffpunkt für die Anwohner im Kiez ist der **Helmholtzplatz** 2. Rundum finden sich Restaurants und Kneipen, von Tex-Mex bei **Frida Kahlo** (Lychener Str. 37, €€) bis zur japanischen Küche im **Sasaya** (Lychener Straße 50, €€). Südlich des Platzes befindet sich die Weinschenke **Weinstein** (s. Restaurants, S. 139). Am östlichen Ende des Platzes blickt man auf das Eckhaus Raumer-/Dunckerstraße: Der Balkon ganz oben war Schauplatz des Kino-Films »Sommer vorm Balkon«.

Folgen wir der Lychener Straße weiter Richtung Südwesten. Jenseits der breiten Danziger Straße liegt rechts die **Kulturbrauerei** 3. Auf dem großen Areal einer alten Schultheiss-Brauerei haben sich viele kreative Unternehmen angesiedelt. Außerdem wird viel geboten: Theater, Konzerte, Kino, Ausstellungen, Lesungen und viel Musik. Der **Soda Club** lädt mit Musik von African über Latin bis Discosound auf fünf Dancefloors zum Tanzen und Feiern ein. Der Klub **Frannz** ist für seine Partys und Livemusik berühmt; die Küche (€€) bleibt bis 4 Uhr morgens warm. Im Sommer ist der Biergarten Anziehungspunkt. Das **Museum**

Kulturbrauerei

in der Kulturbrauerei widmet sich dem Alltag in der DDR vorwiegend mit Designprodukten.

Am südlichen Ausgang folgt der Spaziergang der Sredzkistraße nach links bis zur **Husemannstraße,** die noch zu DDR-Zeiten

Am Kollwitzplatz

erste Restaurierungen erlebte. Längst ist die Mehrzahl der einst berüchtigten Mietskasernen im Bezirk saniert. Rund um den **Kollwitzplatz** 4 (Öko-Wochenmarkt Do 12 bis 19, Sa 9–16 Uhr) drängeln sich wieder die Bars und Restaurants. Beliebt und preisgünstig sind die Brunch-Büfetts am Wochenende, z. B. bei **Istoria** (Kollwitzstr. 64, €).

Ecke Kollwitz-/Knaackstraße geht es nach links zum kleinen Park am **Wasserturm** 5. Die älteste Wasserversorgungsanlage Berlins beherbergt heute Wohnungen; am Hang wird Wein angebaut und das unterirdische Gewölbe ist bei Führungen zugänglich. Um die Ecke an der Prenzlauer Allee 227/228 gibt das Museum Pankow weiterer Einblicke in die Geschichte des Großbezirks. In der Belforter Straße liegt linker Hand das charmante Hotel **ackselhaus BERLIN** (s. Hotels, S. 130).

Rechts geht es nun wieder zum Kollwitzplatz, danach zweimal links und durch die Wörther Straße bis zur Schönhauser Allee. Die echten Nachtschwärmer zieht es vermutlich magisch die Schönhauser Allee noch ein Stück nach Norden bis zur **Oderberger Straße.** An deren Kreuzung mit der **Kastanienallee** liegt ein wahres Bermudadreieck zum Absacken – entsprechend viel ist hier auch los. Hier hat sich auch der **Flagshipstore Oderberger** (s. Shopping, S. 143) angesiedelt.

Touren im Anschluss: 4, 16

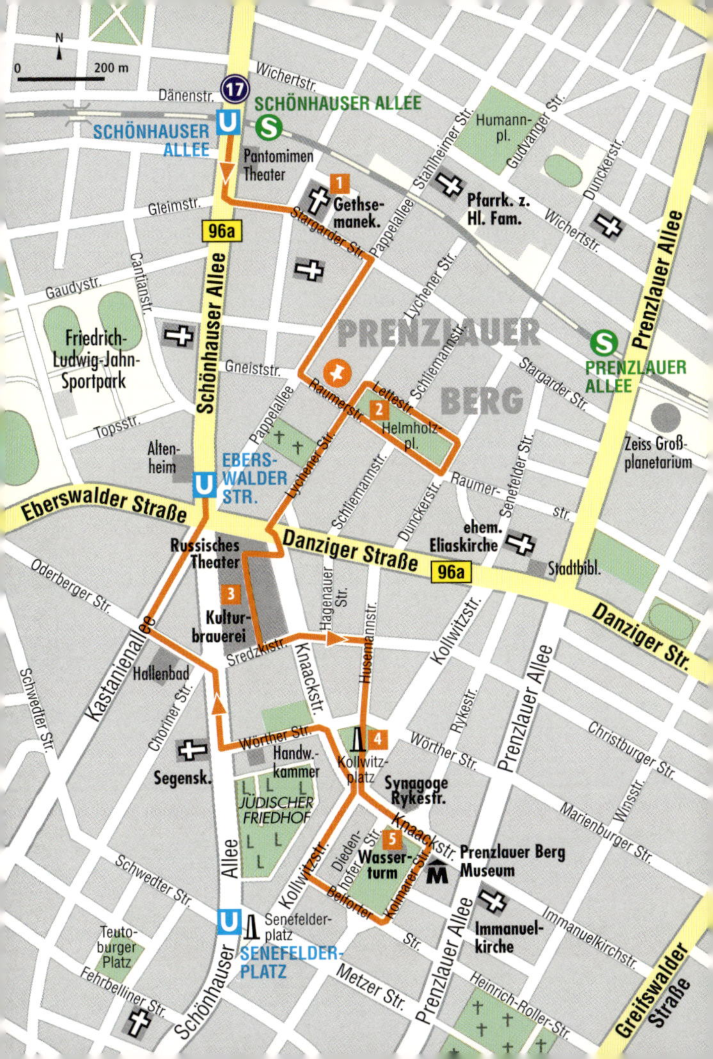
N
0
200 m
17
Wichertstr.
Dänenstr.
SCHÖNHAUSER ALLEE
SCHÖNHAUSER ALLEE
Pantomimen Theater
1
Gethsemanek.
Humannpl.
Gudvanger Str.
Stahlheimer Str.
Pfarrk. z. Hl. Fam.
Dunckerstr.
Wichertstr.
Gleimstr.
96a
Stargarder Str.
Pappelallee
Cantianstr.
Gaudystr.
Schönhauser Allee
Lychener Str.
Prenzlauer Allee
Friedrich-Ludwig-Jahn-Sportpark
PRENZLAUER BERG
Schliemannstr.
PRENZLAUER ALLEE
Gneiststr.
Raumerstr.
Lettestr.
Stargarder Str.
2
Helmholzpl.
Topsstr.
Pappelallee
Zeiss Großplanetarium
Altenheim
EBERSWALDER STR.
Lychener Str.
Schliemannstr.
Dunckerstr.
Senefelder Str.
Raumerstr.
Eberswalder Straße
ehem. Eliaskirche
Russisches Theater
Danziger Straße
96a
Stadtbibl.
Oderberger Str.
3
Kulturbrauerei
Hagenauer Str.
Husemannstr.
Kollwitzstr.
Danziger Str.
Kastanienallee
Sredzkistr.
Knaackstr.
Hallenbad
Prenzlauer Allee
Schwedter Str.
Choriner Str.
Rykestr.
Christburger Str.
Wörther Str.
4
Wörther Str.
Handw.-kammer
Kollwitzplatz
Segensk.
Synagoge Rykestr.
Marienburger Str.
Winsstr.
JÜDISCHER FRIEDHOF
Knaackstr.
Diedenhofer Str.
5
Wasserturm
Kolmarer Str.
Prenzlauer Berg Museum
Allee
Kollwitzstr.
Schwedter Str.
Belforter Str.
Immanuelkirche
Immanuelkirchstr.
Senefelderplatz
SENEFELDERPLATZ
Teutoburger Platz
Schönhauser
Metzer Str.
Prenzlauer Allee
Greifswalder Straße
Fehrbelliner Str.
Heinrich-Roller-Str.

Tour 18

Von Borsig zu Humboldt

Borsig-Tor › Borsig-Turm › Feuerwehrmuseum › Alt-Tegel › Greenwich-Promenade › Tegeler Hafenbrücke › Schloss Tegel › Humboldt-Bibliothek › Alter Hafen

Start: Ⓤ Borsigwerke (U6)
Ziel: Ⓤ Alt-Tegel (U 6)
Wann: bei schönem Wetter jederzeit, Schloss Tegel nur an Sommermontagen zu besichtigen
Distanz: 5,5 km

Der Tegeler See ist eines der beliebtesten Ausflugsziele im Norden Berlins; an seinen Ufern bieten sich viele Freizeitmöglichkeiten. Der Spaziergang beginnt mit einem herausragenden Beispiel Berliner Industriearchitektur und führt zum klassizistischen Schloss.

Borsig-Tor

Der nördliche U-Bahnausgang »Borsigwerke« liegt fast unmittelbar vor dem neugotischen, denkmalgeschützten **Borsig-Tor** 1 an der Berliner Straße. Dahinter nahmen 1898 auf einem riesigen Gelände die Berliner Borsigwerke die Produktion von Lokomotiven auf, die in alle Welt exportiert wurden. Außerdem entstanden Dampfmaschinen, Kessel, Pumpen und Kälteanlagen. 1931 war es mit dem Familienbetrieb zu Ende. Doch bis 1992 blieb das Traditionsunternehmen – unter wechselnden Besitzern schrumpfend – auf dem Gelände ansässig. Heute sind auf dem Gewerbepark Am Borsigturm verschiedene Firmen vertreten (und verhindern den Durchgang zum einstigen

Borsighafen). Sie nutzen alte Gebäude oder erbauten neue im harmonierenden Backsteinstil. Markantes Original ist der 65 m hohe **Borsig-Turm** 2, 1924 als erstes Hochhaus Berlins erbaut. Die Grundmauern einer freistehenden **Werkshalle** 3 unter einem Schutzdach lassen die gewaltigen Dimensionen erkennen.

Borsig-Turm

Eine **Ruine** 4 demonstriert den Verfall, während zwei östliche Hallen nach denkmalpflegerischer Restaurierung geschickt in das moderne Einkaufs- und Freizeitzentrum **Hallen am Borsig-Turm** 5 integriert wurden.

An der Ecke Berliner Straße/Veitstraße gibt das **Feuerwehrmuseum** 6 Einblick in über 100 Jahre Entwicklung der Berliner Feuerwehr (Di–Do 9–16, Fr, Sa 10–14 Uhr).

Die ruhige Treskowstraße führt nach **Alt-Tegel** 7, dem einstigen Dorfzentrum. Durch die Fußgängerzone mit vielen Straßencafés und Eisläden erreicht man die **Greenwich-Promenade,** an der sich vor allem sonntags die Ausflügler drängeln. Von hier starten zahlreiche Fahrgastschiffe zu kurzen oder langen Rundfahrten auf den Berliner Gewässern. Jogger folgen der Promenade bevorzugt nach links auf die idyllischen Wege am Borsigdamm, der den Borsig-Hafen begrenzt.

MAL PAUSE MACHEN

Lust auf ein Eis? Die Spandauer **Eismanufaktur Florida** hat auf der Straße Alt-Tegel gleich zwei Eiscafés eröffnet (Nr. 8 und 28), die einzigen außerhalb Spandaus.

Das Gros der Spaziergänger zieht es nordwestlich Richtung Großer Malchsee in den Berliner Forst. Sie überqueren die 93 m lange **Tegeler Hafenbrücke,** die ihren volkstümlichen Namen Sechserbrücke dem ursprünglich erhobenen Brückenzoll verdankt.

Dicke Marie

Unmittelbar hinter der Brücke wendet sich der Wald- und Uferweg nach links und führt vorbei an Bootshäusern und einem **Denkmal für Hannah Höch** 8 zum **Freizeitpark Tegel** und zur **Dicken Marie** 9, dem mit 900 Jahren ältesten Baum Berlins. Von hier kann man die Wanderung durch den Tegeler Forst beliebig weit ausdehnen – unterwegs finden sich Badestellen und Ausflugslokale. Nun geht es in einem weitem Bogen über den Schwarzen Weg und die befahrene Karolinenstraße weiter, oder man kehrt auf dem gleichen Weg bis zur Gabrielenstraße zurück, in die man links einbiegt.

Vor einem Parkplatz an der Straße An der Mühle führt links die Adelheidallee direkt auf das strahlend weiße, 1824 von Schinkel umgestaltete **Schloss Tegel** 10 zu, das auch als Humboldtschloss bekannt ist. Allerdings sind Schloss und Schlosspark im Privatbesitz der Humboldterben und nur in den Sommermonaten montags mit Führung zugänglich. Viele Details sind im Originalzustand erhalten, darunter ein abgewetzter Ledersessel, auf dem einst Wilhelm von Humboldt saß. Im Schlossgarten gelangt man, vorbei an einer weiteren alten und überaus dicken Eiche, zur Familiengrabstätte, in der neben Wilhelm auch Alexander von Humboldt bestattet wurde.

An Humboldt erinnert auch die **Humboldt-Mühle**, in der die Reha-Klinik Medical ParkBerlin schnelle Heilung verspricht. Ende der 1980er-Jahre entstand am **Alten Hafen** ein neues Stadtviertel mit Wohnungen und Spazierwegen, einer künstlichen Insel, der eindrucksvollen **Humboldt-Bibliothek** 11 und einem Humboldt-Denkmal.

N
0 200 m
Heiligensee-
Berliner
Str.
Karolinenstr.
Forst
Schwarzer Weg
Humboldtgrab
Humboldtschloss
10
Dicke Marie
9
An der Malche
FRIEDHOF
AM FLIESSTAL
111
E 26
luster
Damm
4
Waidmannsluster Damm / Hermsdorfer Damm
Waidmanns-
An der Mühle
Nordgraben
Humboldt-bibliothek
11
Karolinen-steg
Wilhelm-steg
Alexander-steg
Gabrielenstr.
Campestr.
An der Malche
Großer Malchsee
Tegeler Hafen
Bernstorfferstr.
Karolinenstr.
Gorkistr.
8
Denkmal für Hannah Höch
Tegeler Hafen-brücke
Greenwich-
ALT-TEGEL
TEGEL
Budde-pl.
Alt Tegel
7
Medebacher Weg
Berliner Str.
Reiher-werder
Treskowstr.
Brunowstr.
Feuerwehr-museum
6
Buddestr.
Schlieperstr.
promenade
Hasselwerder
Veitstr.
Hallen am Borsig-Turm
Ruine
4
5
Medebacher Weg
Am Borsigturm
Borsigdamm
Borsig-Turm
2
3
BORSIG-WERKE
Werkshalle
Am Borsigturm
Tegeler See
1
Borsig-Tor
18
Ernststr.
Berliner
Borsigdamm-brücke
Borsighafen
TEGEL
Sterkrader Str.
Biedenkopfer
Str.
Str.
Gänsewerder
Borsigdamm
Namslaustr.
Neheimer Str.
Bernauer Str.
Bernauer Str.
Billerbecker Weg
Billerbecker Weg
Philippuskirche
Sendener Weg
Kamener Weg
Attendorner Weg
Mescheder Weg

Tour 19

Auf den Spuren des Hauptmanns von Köpenick

Rathaus › Schloss › Kunstgewerbemuseum › Kietz › Altstadt mit Heimatmuseum › Freiheit › Rathaus

Start: Rathaus Köpenick (ab Ⓢ Köpenick, S 3, mit Tram 68 bis Rathaus; ab Ⓢ Spindlersfeld, S 43, mit Tram 60 bis Schlossplatz)
Ziel: Ⓢ Köpenick
Wann: am schönsten im Sommer, Schloss Mo geschl.
Distanz: 2,5 km

Rundgang durch die Altstadt von Köpenick mit dem berühmten Rathaus zum Schloss auf der Schlossinsel (heute Kunstgewerbemuseum) und durch das mittelalterliche Fischerdorf »Kietz« zu Ausflugslokalen am Wasser.

Der berühmte Hauptmann

Von wegen »jottwedeh« oder »janz weit draußen«, wie der Berliner sagt: 19 bis 24 Minuten braucht die S-Bahn vom Alexanderplatz zum S-Bahnhof Köpenick, und in weiteren sechs Minuten ist man mit der Tram am Rathaus! Berühmt wurde **Köpenick** durch ein dreistes Gaunerstück. 1906 war es, als der arbeitslose Schuster Wilhelm Voigt in die Uniform eines Hauptmanns schlüpfte, den Bürgermeister verhaften ließ, die Stadtkasse beschlagnahmte – und den Stoff lieferte für Theater, Film und die »Köpenickiade«, die als Straßentheater-Spektakel vor dem mächtigen Backsteinbau zu erleben ist (Mi, Sa

11 Uhr). Das Standbild des Hauptmanns vor dem **Rathaus** 1 ist beliebtes Fotomotiv, im ehemaligen Tresorraum dokumentiert eine kleine Ausstellung das historische Ereignis. Das Treppenhaus ist ebenso sehenswert wie der Rathaushof. Im populären **Ratskeller Köpenick** (€) gibt es deftige Berliner Kost, an den Wochenenden (Fr, Sa) abends Livemusik und sonntags Jazzbrunch (€).

Vor dem Rathaus nach links durch die Straße Alt-Köpenick erreicht man nach wenigen Schritten den **Schlossplatz** mit der kleinsten Brauerei Deutschlands – in einem Kiosk. Geradeaus führt eine Brücke auf die **Schlossinsel** 2. In dem sanierten **Barockschloss,** 1677–89 teilweise in die Dahme gebaut, zeigt das Kunstgewerbemuseum u.a. ganze Raumausstattungen des 16.–18. Jhs. Höhepunkte sind der über und über mit Stuck dekorierte Wappensaal und das glanzvolle silberne Büfett aus dem Brandenburgisch-Preußischen Staatsschatz (Mo geschl., im Winter auch Di, Mi). In der Schlosskirche finden oft Konzerte statt. Nach dem Rundgang durch den kleinen Schlosspark kann man im idyllischen Schlosscafé (€) eine Pause einlegen.

Zurück am Schlossplatz, biegt rechts ein Fußweg zum **Frauentog** ab, einem Nebenarm der Dahme, benannt nach einem Fischzug der Fischersfrauen aus dem Kietz. Ein Denkmal erinnert an Mutter Lustig, die 1835 die erste Lohnwäscherei in Köpenick und damit einen wichtigen Wirtschaftszweig gründete – hier wurde lange Berlins schmutzige Wäsche gewaschen. Verlockend sind die **Köpenicker Seeterrassen** (Müggelheimer Str. 1) direkt am Wasser mit gutem Kuchen und Kaffeespezialitäten (€).

MAL PAUSE MACHEN

Mieten Sie sich am Bootsverleih von **SolarWaterWorld** ein Solarboot und kurven Sie sanft über die Dahme, ab 10 € pro Stunde.
• Müggelheimer Straße 1

Kietz 3 heißt die nächste Straße (rechts). Ursprünglich bezeichnet das slawische Wort eine Fischersiedlung. Im Köpenicker Kietz sind einige der einstöckigen Fischerhäuser aus dem 18. Jh. erhalten und hübsch restauriert. Ein Stück geradeaus weiter in der Gartenstraße liegt ein Flussbad mit kleinem Sandstrand.

Heimatmuseum

Der Weg zurück führt durch die Gartenstraße und quer über die breite Müggelheimer Straße hinüber zum Alten Markt. In einem Fachwerkhaus von 1665 informiert das **Heimatmuseum** 4 über die Geschichte des Bezirks (Mo, Fr, Sa geschl.).

Zur Spree gelangt man am Ende der **Spindlergasse** (Restaurant (€) und Bootsverleih) sowie am Ende des **Katzengrabens.** Hier überquert die Fußgängerbrücke Katzengrabensteig den Fluss. Mittendrin liegt die große **Baumgarteninsel**, zu der die glücklichen Kleingartenbesitzer (und nur diese) mit dem Ruderboot anreisen.

Wir kehren zurück auf die Freiheit, wie die hier siedelnden Hugenotten ihre Straße nannten. **Freiheit Nr. 15** heißt das Kulturzentrum mit Theater, Partylocation und hinter dem Durchgang zur Spree einem Gartenrestaurant (€) sowie dem **Veranstaltungsschiff Ars Vivendi.** Unter der Dammbrücke hindurch gelangt man am Dahmeufer, parallel zur Straße Alt-Köpenick, zum schön gestalteten **Luisenhain**, der sich bis zur Langen Brücke erstreckt. Von hier aus kann man eine Schiffstour anschließen oder mit der Tram zum S-Bahnhof Köpenick fahren (für den Anschluss an Tour 20 mit der S-Bahn nach Friedrichshagen).

Tour im Anschluss: 20

N
0
200 m
Wuhlheide
DAMM-
VORSTADT
Kaulsdorfer Straße
Mahlsdorfer Straße
Am Bahndamm
Schmausstr.
KÖPENICK
Stellingdamm
Borgmannstr.
Geinitzstr.
Hämmerlingstr.
Seelenbinderstraße
Cardinalstr.
Puchanstr.
Bahnhofstraße
BELLEVUE-PARK
Friedrichshagener Straße
Salvador-Allende-Straße
Lindenstraße
Platz des 23. April
Alte Spree
Stadttheater
Spree
Baumgarten-insel
St.-Joseph-Kirche
Am Krusenick
Spree
MENTZEL-PARK
Freiheit Nr. 15
Ars Vivendi
19
Freiheit
St.-Laurentius-Kirche
ALTSTADT
Katzen-graben
Alt Köpenick
Spindlerg.
LUISEN-HAIN
Rathaus
1
4
Heimat-museum
Alter Markt
Grünstr.
Wendenschloßstraße
Oberspreestraße
Landjägerstr.
Schloss
Schloss-kirche
Kietz
Gartenstr.
Grünauer Straße
Kunstgewerbe-museum
Frauen-tog
3
2
Schlossinsel
KIETZ
SALVADOR-ALLENDE-VIERTEL I
Müggelheimer Straße
Wendenschloßstraße
Salvador-Allende-Straße
Gartenstraße
Kulturzentrum „Krokodil“
VOLKS-PARK
KÖLLNISCHE VORSTADT
Dahme
Charlotten-
straße

Tour 20

Geschichte mit Seeblick

Bölschestraße › Museum im Wasserwerk › Spreetunnel › Ausflugsgaststätte Rübezahl

Start: Ⓢ Friedrichshagen (S 3)
Ziel: Müggelheimer Damm (Bus X 69 bis Ⓢ Köpenick)
Wann: an einem schönen Sommertag; aber auch im Winter reizvoll
Distanz: 4 / 5,5 km

Die Bölschestraße und das Nordwestufer des Müggelsees sind die Sehenswürdigkeiten von Friedrichshagen, wo sich ein Stück preußische Geschichte und eine der landschaftlich schönsten Ecken Berlins verbinden.

Sie kamen aus Böhmen und der Schweiz, aus Sachsen und der Pfalz und suchten in Preußen ein besseres Auskommen: 1753 gründete Friedrich der Große das **Kolonistendorf Friedrichshagen** und ließ 800 Maulbeerbäume anpflanzen, um die Seidenraupenzucht und Seidenspinnerei voranzutreiben. Das lief rund 50 Jahre lang gut, bis zur Einführung der Maschinenspinnerei. Der nächste Aufschwung kam erst nach 1849 mit der Eisenbahn, als aus dem nahen Berlin die Sommerfrischler an den **Müggelsee** reisten und großbürgerliche Häuser im Zentrum und Villen am See entstanden.

Wenn man aus der S-Bahn kommt, geht man nach rechts und überquert den Fürstenwalder Damm. Hier beginnt die **Bölsche-**

straße: Die Flanier- und Einkaufsmeile, der »Kudamm des Ostens«, ist preußisch schnurgerade ausgerichtet und bis zum Müggelseedamm ziemlich genau einen Kilometer lang. Benannt wurde sie nach dem Schriftsteller Wilhelm Bölsche, der mit Bruno Wille 1890 den »Friedrichshagener Dichterkreis« gründete, eine Gruppe von Künstlern und Bohemiens mit großem Einfluss auf die Lebensreformbewegung (»Zurück zur Natur«).

Die ganze Straße steht heute unter Denkmalschutz, einschließlich einiger Maulbeerbäume – wie der vor Hausnummer 63 auf der linken Straßenseite (weitere vor den Hausnummern 11, 121, 126a). Die Straße erzählt über 200 Jahre Architekturgeschichte, dem Kolonistenstil. Schön restaurierte einstöckige Häuser in typisch märkischer Bauweise mit Remise im Hinterhofgarten stehen neben Gründerzeithäusern mit Jugendstilelementen, und auch die DDR hat mit Rauputzfassaden und einer flachen Einkaufshalle Spuren hinterlassen.

Christophorus-Kirche

Prächtigstes Haus auf der rechten Seite ist das alte **Rathaus** 1 (Nr. 87), das lange Zeit als Polizeistation diente und künftig Kulturzentrum und Treffpunkt für alle werden soll. Die 1903 geweihte **Christophorus-Kirche** links dominiert auch den quadratischen **Marktplatz** 2 auf der rechten Straßenseite. Erst seit 2003 steht hier, an der Ecke Am Myliusgarten, ein neues Denkmal für den Ortsgründer Friedrich II. Das ursprüngliche war nach 1945 vom Sockel gestoßen worden.

Zum Reiz der Straße trägt auch der Branchenmix bei: Cafés und Kneipen wechseln mit Boutiquen, Buchläden und jeder Menge Geschäften, die ganz alltägliche Dinge anbieten. Besonders verlockend für Leckermäuler ist **Chocolat – der Schoko-Laden** in der Nr. 6 (auch So 14–17 Uhr).

Wer sich für Industriekultur interessiert, kann am Müggelseedamm in die Tram 60 steigen und zum **Museum im Wasserwerk** 3 fahren (Müggelseedamm 307, Fr, Sa geschl.). Die Dauerausstellung im alten Schöpfmaschinenhaus informiert über die Entwicklung der Wasserversorgung in Berlin seit 1893.

Oder man überquert gleich den Damm und folgt der Josef-Nawrocki-Straße bis zur ältesten Berliner Brauerei. 1869 wurde das **Berliner Bürgerbräu** 4 gegründet, 2010 von Radeberger geschluckt. Das große Brauereigebäude direkt an der Müggelspree – hier durchfließt die Spree den See – steht seither leer. Die Terrasse am Wasser (rechts vom Schornstein) bewirtschaftet im Sommer ein Kiosk. Die **Weiße Villa** links der Brauerei lockt mit anspruchsvoller Küche (€€). Hier genießt man auch herrliche Ausblicke über den See bis zu den Müggelbergen am gegenüberliegenden Ufer.

MAL PAUSE MACHEN

Die Wartezeit auf das Ausflugsschiff lässt sich in der der Bar **Gestrandet am Müggelsee** gut verkürzen – im Liegestuhl mit einem kühlen Getränk.
- südlich des Müggelseeparks

Durch den kleinen Müggelseepark gelangt man zum **Spreetunnel** 5, der seit 1927 unter der 120 m breiten Müggelspree hindurch ans andere Ufer führt. Von hier aus kann man auf einem Waldweg 2,5 km lang dem Westufer des Müggelsees bis zur Ausflugsgaststätte **Rübezahl** folgen. Unterwegs gibt es eine Badestelle – schließlich ist der Große Müggelsee Berlins größtes und sauberstes Gewässer. Wem der Weg zu Fuß zu weit ist, kann auch Schiff fahren (über Müggelseeperle und Rübezahl zurück nach Friedrichshagen).

Tour im Anschluss: 19

FRIEDRICHSHAGEN
20
Fürstenwalder Damm
Lindenallee
Friedrichshagener Grundschule
Ahornallee
Rathaus
Physikalisch-technische Bundesanstalt
Marktplatz
Peter-Hille-Straße
Aßmann-
Bölsche
Straße
Am Goldmannpark
Stein-platz
St. Christophorus
straße
Scharnweber-straße
Rahndorfer
Straße
Bruno-Wille-Straße
Werlseestraße
Wasserwerk Friedrichshagen
FRIEDRICHSHAGEN
Franziskus-kapelle
Löcknitz-str.
Müggelseedamm
Bürgerbräu
Berliner Wasserbetriebe
Museum im Wasserwerk
Brauerei-Museum
Josef-Nawrocki-Straße
Strandbad Müggelsee
MÜGGELSEE-PARK
Spree
Spreetunnel (Fußgänger)
Müggelschlösschenweg
Am Müggelsee
Großer Müggelsee
Berliner
Stadtforst
Chauseehaus
Müggelheimer Damm
Rübezahl
N
0
200 m
1.
2
3
4
5

Tour 21

Wannsee: Kunst, Natur und Geschichte

Strandbad Wannsee › Literarisches Colloquium › Kleist-Grab › Liebermann-Villa › Gedenkstätte Haus der Wannseekonferenz › Heckeshorn

Start: Ⓢ Wannsee (S 1, 7)
Ziel: Bushaltestelle Heckeshorn (Bus 114 bis Ⓢ Wannsee; der Spaziergang lässt sich bis zur Pfaueninsel verlängern, s. Tour 24)
Wann: am besten an einem schönen Sommertag
Distanz: 3,5 / 6 km

Spaziergang durch das vornehme Villenviertel Wannsee im Bezirk Steglitz-Zehlendorf. Die Liebermann-Villa und das Haus der Wannseekonferenz mit ihren Ausstellungen zu unterschiedlichen Themen erlauben auch Einblicke in das großbürgerliche Leben von einst.

»... und dann nüscht wie raus nach Wannsee«: Wer diesen Schlager der »kleinen Cornelia« von 1951 im Ohr hat, denkt sofort an das traditionelle **Strandbad Wannsee** 1 mit seinem 1200 m langen und 80 m breiten Sandstrand. Das »größte Binnenbad Europas« lockt an heißen Tagen bis zu 30 000 Besucher an. Hin kommt man zu Fuß von der S-Bahn-Station Nikolassee oder mit dem Bus (216) ab Bahnhof Wannsee bis Wannseebadweg. Schräg gegenüber vom S-Bahnhof Wannsee legen Ausflugsschiffe und die Fähre nach Kladow ab. Der Spaziergang ab **Bahnhof Wannsee** beginnt mit einem Blick in die

Strandbad

»Villenkolonie Wannsee«, die ab 1874 für das aufstrebende Großbürgertum Berlin erbaut wurde. Am Sandwerder reihen sich repräsentative Villen in großen Gartenanlagen auf der Haveldüne aneinander. Bei Lesungen und Debatten öffentlich zugänglich ist das **Literarische Colloquium** 2 (Nr. 5), in dem Literatur-Stipendiaten Wohnungen und Ruhe zum Schreiben finden – so wie einst Carl Zuckmayer hier seinen »Fröhlichen Weinberg« schrieb.

Literarisches Colloquium

Für Literaturfreunde lohnt ein Abstecher zum **Kleist-Grab** 3 in der Bismarckstraße. An dieser Stelle am Kleinen Wannsee nahm sich Heinrich von Kleist zusammen mit seiner Geliebten Henriette Vogel 1811 das Leben. Zum 200. Todestag wurde die Grabstätte restauriert. In der Ladenzeile vor dem Bahnhof Wannsee kann man einen Audioguide ausleihen und auf dem eigens angelegten Weg zum Grab, der teilweise am Wasser entlang führt, Dichterworte und Berichte über Kleists Leben und Sterben hören.

An der Königstraße überquert man nun die Wannseebrücke. Der Große Wannsee nördlich ist eine Ausbuchtung in der Havel, die sich unter der Brücke zum Kleinen Wannsee verengt. Die Königstraße führt schnurgerade durch den Ortsteil Wannsee und weiter bis zur Glienicker Brücke, rechts zweigt die Straße Am Großen Wannsee ab. Bevor sie abschüssig wird, hat man eine schöne Aussicht auf den See. Dann verstellen eingezäunte Privatvillen und Wassersportklubs den Blick.

Die »Colonie Alsen« entstand ab 1870 auf Initiative des Bankiers Wilhelm Conrad für die reiche Oberschicht als Sommerresidenz. 1910 ließ sich Max Liebermann hier nieder. Heute

MAL PAUSE MACHEN

Max Liebermann nannte seine **Villa** »mein Schloss am See« – auch für Besucher ein idealer Ort, um im Garten oder auf der Caféterrasse zu entspannen.
• Colomierstraße 3

zeigt die restaurierte **Liebermann-Villa am Wannsee** 4 eine Ausstellung zu Leben und Wirken des Malers sowie eine Auswahl seiner Werke. Der Garten, in dem man bis ans Wasser flanieren kann, sieht fast genauso aus wie auf vielen seiner Gemälde.

Das Haus Am Großen Wannsee 56–58, hinter einem hohen Gitter, ist die Gedenkstätte **Haus der Wannseekonferenz** 5. In der großbürgerlichen Villa fand am 20.1.1942 die Konferenz zur sogenannten Endlösung der Judenfrage statt. Die Dauerausstellung »Die Wannseekonferenz und der Völkermord an den europäischen Juden« dokumentiert Vorgeschichte und Folgen dieser unmenschlichen Entscheidung. Den Mittelpunkt bildet der historische Konferenzraum.

Von links kreuzt die Straße Zum Heckeshorn, die rechts zum Fußweg wird. Auf einem Sockel über dem Heckeshorn thront riesig und schwer die Zinkgussnachbildung des **Flensburger Löwen** 6. Das Original war preußische Kriegsbeute von der Insel Alsen, wo Dänemark 1864 kapitulierte. Die Colonie Alsen von 1870 und der Löwe erinnern an diesen Sieg der Preußen. Der Blick reicht von hier auf das Wannseebad und (links) bis zum Grunewaldturm. Im Restaurant **Seehase** zu Füßen des Löwen sitzt man nicht nur wunderbar am Wasser, es gibt auch hervorragende Fischspezialitäten und türkische Gerichte (€€). Die Bushaltestelle ist nur wenige Schritte entfernt – oder man folgt dem Uferweg (zu Fuß gut 1 Stunde) bis zum Fähranleger Pfaueninsel.

Touren im Anschluss: 22, 23

N
0
200 m
Schwanenwerder
Wannseebadweg
Schwanenwerderweg
Strandbad
1
Großer
Wannsee
21
Landesforstamt
Heckeshorn
Restaurant Seehase
Flensburger Löwe
6
Haus der Wannseekonferenz
5
Wannseebadweg
S-Bahn Nikolassee
Kronprinzessinnenweg
Zum Heckeshorn
4
Liebermann-Villa am Wannsee
Wannsee
Am Großen Wannsee
Am Sandwerder
Alemannenstr.
Literarisches Colloqium
2
Am Sandwerder
Nibelungenstr.
Waltharistr.
WANN-SEE
NIKOLASSEE
Kronprinzessinnenweg
WANN-SEE
Wannseebrücke
1
Königstr.
Königstr.
Dreilindenstr.
Wannsee
Kleinen
Glienicker Brücke
Kleistgrab
3
Bismarckstr.
Potsdamer Chaussee
1
Am
Kleiner Wannsee

Tour 22

Schloss Glienicke und Russland in Preußen

Schloss und Park Glienicke › Wirtshaus Moorlake › Blockhaus Nikolskoe › St. Peter und Paul › Fähranleger Pfaueninsel › Schloss Glienicke

Start: Schloss Glienicke (Bus 316 ab Ⓢ Wannsee)
Ziel: Fähranleger zur Pfaueninsel (Bus 218 bis Ⓢ Wannsee) oder Schloss Glienicke
Wann: ein sommerlicher Spaziergang, der bei schönem Wetter auch im Winter Spaß macht
Distanz: 2,5 km

Vom »preußischen Arkadien« durch den Schlosspark und am Ufer der Havel entlang bis zum Fähranleger der Pfaueninsel. Unterwegs überrascht ein Stück Russland in Preußen.

Der Hauptzugang zum **Schloss Glienicke** 1 liegt an der Königstraße. Prinz Carl, ein Sohn von Friedrich Wilhelm III. und Königin Luise, ließ sich von Karl Friedrich Schinkel, dem preußischen Stararchitekten des 19. Jhs., das Landgut Glienicke zu seinem italienischen Traumhaus umbauen. Das Schinkelsche Mobiliar in den farbenprächtig und harmonisch gestalteten Wohnräumen ist Anziehungspunkt im Schloss, einen weiteren bildet das Hofgärtner-Museum, das Gärtner als Künstler würdigt (Di–So, im Winter nur Sa, So, Fei). Was die Gartendenkmalpfleger, die Nachfolger der Hofgärtner, heute leisten, ist an dem zauberhaften Garten rund um das Schloss abzulesen.

Ursprünglich gestaltete Peter Joseph Lenné die anmutige Anlage mit der Löwenfontäne, Skulpturen, Gartenstaffagen und Bauten wie der Kleinen und der Großen Neugierde nach Entwürfen von Schinkel. Schönster Aussichtpunkt für den Blick über Havel und Jungfernsee auf das Ufer am Neuen Garten ist Schinkels **Casino.** Im benachbarten romantischen Klosterhof ließ Prinz Carl kostbare Stücke seiner Kunstsammlung, die er auf seinen Italienreisen erworben hatte, verbauen und ausstellen. Einzelne Reliefs oder Bruchstücke zieren die Mauern verschiedener Bauten des Schlossensembles.

MAL PAUSE MACHEN

Suchen Sie sich ein idyllisches Plätzchen mit Bank im **Schlossgarten Glienicke,** z. B. am Klosterhof und genießen Sie Momente der Ruhe in der Potsdam-Berliner Kulturlandschaft.

Östlich davon liegt die Orangerie. Links führt ein Weg durch das Hirschtor zur Uferpromenade, geradeaus kommt man zum **Hofgärtner- und Maschinenhaus** 2, 1836 von Ludwig Persius entworfen. Es ist ein herausragendes Beispiel dafür, wie Technik hinter ästhetisch ansprechenden Mauern verborgen wurde, in diesem Fall ein dampfbetriebenes Wasserwerk zur Gartenbewässerung und zum Betrieb der Brunnen und Wasserspiele.

Ein Stück hinter dem Maschinenhaus erreicht man wieder den Uferweg an der Havel. Das **Krughorn** 3 ist ein idealer Aussichtspunkt: Links in der Ferne erhebt sich das Belvedere auf dem Pfingstberg, rechts ist das Schloss auf der Pfaueninsel zu sehen, und am Ufer gegenüber steht am Rand des Schlossparks Sacrow die **Heilandskirche** 4, von Persius nahezu ins Wasser gebaut. Bis 1990 war die Kirche im Sperrgebiet nicht zugänglich. Die Grenzverlauf lag inmitten der Havel.

Heilandskirche

Moorlake

Der Weg macht nun eine scharfe Biegung nach rechts und windet sich dann um eine kleine, tief eingeschnittene Bucht. Beim Blick auf das Wirtshaus **Moorlake** 5 (€€) glaubt man sich in ein alpenländisches Idyll versetzt. Dieses Schweizer Haus, ebenfalls von Persius, war einst Prinzliche Unterförsterei und ist seit über 100 Jahren ein beliebtes Ausflugslokal.

Von der Schweiz ist es nicht weit nach Russland, egal ob man zunächst am Ufer der Havel bleibt oder gleich den Waldweg den märkischen Hügel hinauf wählt. Zunächst erreicht man das **Blockhaus Nikolskoe** 6, 1819 nach russischem Vorbild erbaut als Geschenk Friedrich Wilhelms III. an seine Tochter Charlotte, die mit dem späteren Zaren Nikolaus verheiratet war. Der russische Verwalter richtete hier bald eine Gastwirtschaft ein, und das ist das Blockhaus Nikolskoe heute noch; die Küche ist gut und deutsch, die Aussicht grandios (€€).

Nicht weit entfernt ragt die Kirche **St. Peter und Paul** 7 mit ihrer russischen Zwiebelkuppel aus dem Wald. Der Innenraum, im sachlichen Stil Schinkels von einem seiner Schüler entworfen, ist weitgehend im ursprünglichen Zustand erhalten.

Nach kurzem Abstieg ist der **Fähranleger zur Pfaueninsel** 8 erreicht. Der Bus 218 fährt von hier zum S-Bahnhof Wannsee, oder man wandert durch den Berliner Forst zurück zum Schloss Glienicke. Dort lockt in der Remise das Restaurant **Lutter & Wegner – Remise im Schloss Glienicke** (s. Restaurants, S. 137) mit regionaler Küche, die man natürlich auch schon zu Beginn der Tour genießen kann.

Touren im Anschluss: 21, 23, 24, 25

Sacrower See
SACROW
Krampnitzer Str.
Kladower Str.
Sacrower Lanke
Havel
Meedehorn
Appelhorn
Schweizer Haus
Schloss
Kastellanhaus
Fährhaus
Fähranleger
Wirtshaus Pfaueninsel
Nikolskoer Weg
Schloss Sacrow
Station Sacrow-Heilandskirche/Wassertaxi
Heilandskirche
Station Krughorn/Wassertaxi
St. Peter und Paul
Blockhaus Nikolskoe
Wirtshaus Moorlake
Moorlake-Weg
Moorlaker Gestell
Rettungsstation Jägerhof
Berliner Forst
Jungfern-see
VOLKSPARK
KLEIN-GLIENICKE
Haveluferweg
Maschinenhaus
Alter Königsweg
Station Cecilienhof-Meierei/Wassertaxi
Casino
Schloss Glienicke
Station Glienicker Brücke/Wassertaxi
Glienicker Br.
Königstr.
0 200 m
N

Tour 23

Rundgang auf der Pfaueninsel

Fähranleger › Kastellanhaus und Schweizer Haus › Schloss Pfaueninsel › Kavalierhaus › Meierei › Luisentempel › Voliere › Rosengarten › Fähranleger

Start: Fähranleger Pfaueninsel (Bus 218 ab/bis Ⓢ Wannsee)
Ziel: Fähranleger Pfaueninsel
Wann: an einem schönen Tag zu jeder Jahreszeit
Distanz: 4 km

Ob Sommer oder Winter, ob Sonne, Regen, Schnee oder Nebel – der Fährmann hat immer zu tun. Die Pfaueninsel in der Havel ist eines der beliebtesten Ausflugsziele in Berlin, ein Stück vom Paradies am Rande der Großstadt.

Die 67 Hektar große, unter Naturschutz stehende Insel lässt sich in gut einer Stunde umrunden. Aber auf der **Pfaueninsel** spaziert man nicht zügig und mit festem Ziel, man lustwandelt wie zu königlichen Zeiten und überlässt sich der kunstvollen Wegeführung. Peter Joseph Lenné, der die Pfaueninsel im Auftrag Friedrich Wilhelms III. prägte, hat es verstanden, die Natur in wechselnden Bildern zu inszenieren. Hinter jeder Biegung öffnen sich neue Sichten auf Bauten, Parkarchitekturen und über das Wasser hinweg auf landschaftliche Weiten. Auch Gehölzgruppen, Brunnen und Skulpturen sollen das Auge erfreuen. Sogar die frei lebenden Pfauen sind Teil der Inszenierung, in der zusätzlich noch Rehe, Hasen und Füchse mitspielen und Vögel den musikalischen Part übernehmen.

Zwischen **Fährhaus** 1 und **Kastellanhaus** führt eine Treppe auf eine leichte Anhöhe. Rechts davon liegt der Runde Garten, links erreicht man das **Schweizer Haus** 2, das Karl Friedrich Schinkel 1829 im romantisierenden Schweizer Stil zur Verklärung des einfachen Landlebens erbaut hat.

Von märchenhafter Romantik ist das weiße **Schloss** 3 am Ufer der Havel. Die aufgemalte Fassadengestaltung erweckt den Eindruck einer Ruine. Ausgerichtet auf das Marmorpalais im Neuen Garten Potsdam schweift der Blick bis nach Glienicke und Sacrow. Das paradiesische Refugium hatte Friedrich Wilhelm II. für sich und seine Geliebte, die Gräfin Lichtenau, schaffen lassen. Sein Nachfolger Friedrich Wilhelm III. und Königin Luise weilten oft im Sommer hier; von Luise sind viele Ausstattungsstücke erhalten, sogar ihre Hüte liegen noch im Schrank.

Prunkvoll ist der Festsaal im Obergeschoss mit originalen Kronleuchtern. Von Südseeträumen zeugt ein Kabinett, das eine Bambushütte imitiert und durch aufgemalte Fenster ebenso gemalte Aussichten auf märkische Schlösser in tropischen Landschaften (im Winter geschlossen) bietet.

Kavalierhaus

Auf der Insel beeindrucken der uralte Eichenbestand und die wechselnde Ufervegetation. Am Hauptweg längs über die Insel kommt bald das **Kavalierhaus** 4 in den Blick. Die gotische Fassade schmückte einst ein Danziger Patrizierhaus. Sie wurde unter Schinkels Aufsicht abgetragen und auf die Pfaueninsel versetzt.

Wie eine verfallene gotische Klosteranlage wurde 1795 die **Meierei** 5 am nördlichen Ende der Insel errichtet, in der dann Friedrich Wilhelm III. Milchkühe im angebauten Stall halten ließ.

Im Erdgeschoss des Turmes lag die Meierwohnung. Im Obergeschoss des kleinen Gebäudes überrascht der mit Malereien und Stuckaturen dekorierte neogotische Saal aus dem späten 18. Jh. (geöffnet an Wochenenden im Sommer). Einen kleinen bewirtschafteten Hof gibt es heute noch – und Pferde, die so manche Last über die Insel transportieren. Im Sommer sind auf sumpfigen Wiesen Wasserbüffel zu Gast.

Der **Luisentempel** 6 am Waldrand wurde zum Gedenken an Königin Luise (gest. 1810) errichtet. Der östliche Uferweg führt an einem Gedenkstein für Johann Kunckel vorbei, einen Alchemisten des Großen Kurfürsten, der 1685–88 in einem Geheimlaboratorium auf der Insel Experimente zur Herstellung von Goldrubin- und anderen Farbgläsern durchführte.

MAL PAUSE MACHEN

Die ganze Insel ist ein Erholungsort; besonders schön sitzt man im Schatten der hohen Bäume **an der Fontäne** und lässt beim Plätschern des Wassers die Gedanken schweifen.

Auf dem sogenannten Stellweg durch die Inselmitte gelangt man zu einer **Voliere** 7 für Hühnervögel und Fasane. Sie erinnert an die Menagerie Friedrich Wilhelms III. mit exotischen Tieren, die später den Grundstock bildeten für den Berliner Zoo.

Vorbei am Wasservogelteich und der romantischen Anlage um die Fontäne erreicht man wieder den Uferweg. Hier liegen Gewächshäuser und der sogenannte Ergänzungsrosengarten, der die Fülle und Vielfalt der Rosensorten auf der Pfaueninsel nach Alter geordnet präsentiert. Der historische **Rosengarten** 8, der älteste in Preußen, wurde nach Lennés Vorbild rekonstruiert. Er ist ein Juwel der Gartenkunst und steht von Ende Mai bis Anfang Juli in schönster Blüte. Von hier ist man schnell wieder am Fähranleger.

Touren im Abschluss: 21, 22

KLADOW
Sakrower Kirchweg
Quastenhorn
Lüdickeweg
Sakrower Landstr.
Havel
Schwemmhorn
Erdzunge
Kälberwerder
Büffelteich
5 Meierei
Parschenkessel
6 Luisentempel
Pfaueninsel
LIEGEWIESE
Kavalierhaus
4
7
Voliere
3
Schloss
Schweizer Haus
3
2
ROSENGARTEN
8
Dampfmaschinenhaus
1
Parkgärtnerei
Fährhaus
Kastellanhaus
23
Fähranleger
Uferpromenade
Uferpromenade
Berliner Forst
P
Wirtshaus Pfaueninsel
P
Nikolskoer Weg
Pfaueninselchaussee
von Route 24
N
0
200 m

Tour 24

Glienicker Brücke und Schloss Babelsberg

Glienicker Brücke › Klein-Glienicke › Uferweg › Rosentreppe › Schloss Babelsberg › Kleines Schloss › Matrosenhaus › Gerichtslaube › Flatowturm › Havelhaus › Nuthestraße

Start: Berlin, Glienicker Brücke (Bus 316 ab Ⓢ Wannsee)
Ziel: Potsdam, Nuthestraße/Humboldtbrücke (Tram 94/99 zur Ⓢ Babelsberg/Potsdam Hbf.)
Wann: bei Sonne zu jeder Jahreszeit, am schönsten im Frühling
Distanz: 5 km

Der Schlosspark Babelsberg ist ein Meisterwerk der Gartenkunst, mit inszenierter Wegeführung, einem märchenhaften Schloss und herrlichen Aussichten in die von der UNESCO geadelte Potsdam-Berliner Kulturlandschaft.

Von der **Glienicker Brücke** 1 hat man den schönsten Blick auf das Schloss Babelsberg, das malerisch am Hang oberhalb der Glienicker Lake thront. Ein ausgeschilderter Wander- und Radweg biegt von der Königstraße rechts ab und führt durch Klein-Glienicke mit dem nicht öffentlich zugänglichen Jagdschloss Glienicke – zu Mauerzeiten eine West-Berliner Enklave, die an der Waldmüllerstraße endete; dann folgten Mauer, Sperrgebiet und die Potsdamer Enklave Klein-Glienicke. Die ist heute mit dem großen Biergarten Bürgershof am Wasser beliebtes Ausflugsziel. An Mauer und Eingeschlossensein erinnern Infotafeln.

Über die Parkbrücke erreicht man den Uferweg am Nordrand des Schlossparks Babelsberg. Man überlässt sich ganz der Wegeführung mit den überraschenden Sichten des englischen Landschaftsgartens, den Peter Joseph Lenné im 19. Jh. angelegt und Hermann Fürst von Pückler Muskau vollendet hatte. Direkt am Wasser liegt das **Dampfmaschinenhaus** 2 von Ludwig Persius, das einem mittelalterlichen Kastell gleicht und zur Bewässerung der Parkanlagen und zum Betrieb der Fontänen diente. In der Saison sprudelt täglich der künstliche Geysir an der **Lennéschen Bucht** 3. Die romantisch überwachsene Rosentreppe links führt hinauf in den sanft ansteigenden **Pleasureground** 4, so die Bezeichnung aus der englischen Gartenkunst für kunstvoll arrangierte Blumengärten in unmittelbarer Schlossnähe. Fürst Pückler Muskau nannte sie »Gemächer unter freiem Himmel«. Sie entzücken im Frühjahr und Sommer mit unterschiedlicher Bepflanzung.

Schloss Babelsberg

Dahinter erhebt sich **Schloss Babelsberg** 5, eine neogotische Burganlage nach englischem Vorbild, die nach Plänen Karl Friedrich Schinkels und in der Erweiterung durch Persius 1833/34 und 1845–49 für Prinz Wilhelm, den späteren Kaiser Wilhelm I., und seine Gattin Augusta erbaut wurde. Das Schloss ist wegen Sanierung derzeit nicht zugänglich. Vom Platz davor schweift der Blick über die zauberhafte Landschaft, über die abfallende Wiese mit ihren Baumgruppen, dem »bowling green« englischer Landschaftsgärten, hinweg nach Glienicke und Sacrow. Durch die vielseitigen Blumen- und Rosengärten geht es wieder hinunter ans Ufer des Tiefen Sees. Im freundlichen Restaurant **Kleines Schloss,** früher königliches Gästehaus, kann man sich stärken (€€).

MAL PAUSE MACHEN

Folgen Sie dem Weg vom Matrosenhaus hinauf Richtung Osten zur **Friedrich-Wilhelm-Höhe** mit einer kleineren Version der Berliner Siegessäule. Von der Bank davor genießen Sie einen tollen Ausblick.

Weiter auf dem Uferweg, im englischen Gartenvokabular »Drive« genannt, fällt der Blick auf die futuristischen Architektur des **Hans-Otto-Theaters** an Potsdams Kulturstandort **Schiffbauergasse** am gegenüberliegenden Ufer.

Mittelalterliche Anmutung haben weitere Gebäude im Park, die von Johann Heinrich Strack zwischen 1853 und 1872 errichtet wurden. Der Weg links führt zum **Matrosenhaus** 6 mit seiner auffallenden Giebelfassade. An der nächsten Weggabelung geht es links zur **Gerichtslaube** 7, für die Teile des abgebrochenen Alten Berliner Rathauses Verwendung fanden.

Rechts davon erhebt sich der festungsähnliche **Flatowturm** 8, der Kaiser Wilhelm I. als Rückzugsort diente. Seine restaurierten Wohnräume sind (an Sommerwochenenden) zu besichtigen. Vor allem aber kann man von der Aussichtsplattform (124 Stufen!) einen grandiosen Panoramablick auf die Umgebung genießen. Richtung Westen liegen Marmorpalais und das Belvedere auf dem Pfingstberg in derselben Sichtachse.

Flatowturm

Mit insgesamt 22 km Wegenetz lädt der Park zu weiteren Erkundungen über die Höhen des Babelsberges ein. Kehrt man zurück auf den Uferweg, erreicht man – vorbei am Strandbad Babelsberg – durch das Havelhaus die Straßenbahn an der Nuthestraße.

Touren im Anschluss: 25, 26, 27

N
0
200 m
24
Schloss Glienicke
Glienicker Brücke
1
Königstr.
Berliner Str.
BERLINER
VORSTADT
Station Glienicker Brücke/Wassertaxi
Rembrandtstr.
Seestr.
Ludwig-Richter-Str.
Mühlenweg
Mövenstr.
Jagdschloss Glienicke
Glienicker Lake
Bürgershof Biergarten
Waldmüllerstr.
Dampfmaschinenhaus
2
Am Großen Umfahrweg
Lanke
Park-brücke
Am Böttcher-berg
Babelsberger Enge
Geysir
Lenné'sche Bucht Rosentreppe
3
4
5
Schloss Babelsberg
Pleasure-ground
Schloss-museum
Kleines Schloss
PARK
Tiefer See
Uferweg
Matrosen-haus
6
Gerichtslaube
7
Station Schiffbauergasse/Wassertaxi
Erlebnisquartier Schiffbauergasse
Hans-Otto-Theater
Strandbad Babelsberg
Station Schloss und Park Babelsberg /Wassertaxi
Flatowturm
8
Schwarzes Meer
Siegessäule Friedrich-Wilhelm-Höhe
Karl-Marx-Str.
Allee nach Glienicke
An der Sternwarte
Rosa-Luxemburg-Str.
BABELSBERG
Fichtnerstr.
Großer See
Kindermannsee
BABELSBERG
Havelhaus
Nuthestr.

Tour 25

Potsdam: Der Neue Garten

Glienicker Brücke › Schwanenallee › Muschelgrotte › Meierei › Schloss Cecilienhof › Marmorpalais › Orangerie › Gotische Bibliothek

Start: Glienicker Brücke (Bus 316 ab Ⓢ Wannsee)
Ziel: Portierhaus (Am Neuen Garten/Alleestraße, Bus 603)
Wann: bei schönem Wetter
Distanz: 3,5 / 4,5 km

Vom Traumschloss Friedrich Wilhelms II. bis zum Potsdamer Abkommen: Marmorpalais und Cecilienhof heißen die Schlösser im Neuen Garten am Heiligen See.

Von der Glienicker Brücke, Schloss Glienicke im Rücken, schweift der Blick über die Havellandschaft: nach links zum Schloss Babelsberg und dem Dampfmaschinenhaus der Meierei, nach rechts zur Heilandskirche in Sacrow. Am Ortsschild Potsdam geht rechts die **Schwanenallee** ab. Die Villa Schöningen ist ein Deutsch-Deutsches-Museum mit Skulpturengarten und Gartencafé. Die Havel verbreitert sich hier zum Jungfernsee. Am Ufer verweist ein norwegisches Holztor auf die einstige kaiserliche Matrosenstation **Kongsnaes** 1, die 1896 von Kaiser Wilhelm II. eingeweiht wurde. Ein Investor rekonstruiert das historische Ensemble; die Hafenanlage mit Bootssteg ist bereits fertig. In den Blockhäusern im norwegischen Stil linker Hand lebten und arbeiteten die Matrosen. An der Schwanenbrücke über den Hasengraben, der den Heiligen See mit dem Jungfernsee verbindet, beginnt der **Neue Garten.** Von der Landenge, die im Sommer voll mit Badenden ist, bietet sich ein herrlicher Blick auf die– seit 1990 zum UNESCO-Welterbe gehörende – Potsdam-Berliner Kulturlandschaft.

Links kommt das Marmorpalais ins Bild, rechts reicht die Sicht über die Havel hinweg an der Heilandskirche vorbei bis zum Schloss auf der Pfaueninsel. Derartige Sichtachsen sind das Werk des Gartenkünstlers Peter Joseph Lenné, der ab 1816 dieses Zusammenspiel von Natur und Kunst inszenierte.

Der kürzere Weg zum Schloss Cecilienhof führt links am Ufer des Heiligen Sees entlang, der Weg rechts folgt in längeren Windungen dem Jungfernsee. Dass hier von 1963–90 Grenzgebiet war, in dem alles Wuchernde vernichtet wurde, ist dem rekonstruierten Wegeverlauf und der Neuanpflanzung nicht mehr anzusehen. Wie ein »rohes Werk der Natur« sollte die eigenwillige **Muschelgrotte** 2 wirken, die Friedrich Wilhelm II. ab 1794 als Rückzugsort nutzte. Die **Meierei** 3, die einst Milch für den Hof lieferte, ist heute ein beliebtes Lokal mit selbst gebrautem Bier und deftiger Küche (€). Im **Schloss Cecilienhof** 4, 1913–17 im englischen Landhausstil errichtet, können auch während der Sanierung von Dach und Fassaden einige der Privaträume des letzten Kronprinzenpaares Wilhelm und Cecilie besichtigt werden. Hauptattraktion im Schloss ist der Konferenzsaal, in dem 1945 die Staatschefs der Siegermächte das Potsdamer Abkommen zur Nachkriegsordnung schlossen. Eine Ausstellung erläutert den historischen Hintergrund.

Schloss Cecilienhof

Auf dem Weg zum Marmorpalais passiert man eine ägyptisch anmutende **Pyramide,** die den Eingang zu einem Eiskeller verdeckte. Der fantasievolle Staffagebau zeugt von der Vorliebe Friedrich Wilhelms II. für Exotisches und die Moderne seiner Zeit. Begeistert von der Antike und inspiriert vom Klassizismus, ließ er das **Marmorpalais** 5 in seinem Neuen Garten bewusst als Gegenstück zum Rokoko Friedrichs des Großen in Sanssouci schaffen. Die prachtvollen Innenräume des Sommerschlosses, das Friedrich Wilhelm IV. um die beiden Flügelbauten erweitern ließ, wurden nach der Restaurierung mit Möbeln und Kunstwerken aus der Zeit der Bewohner eingerichtet und somit zu einem Kleinod des Frühklassizismus. Von der Terrasse hat man einen schönen Blick über den Heiligen See – links bis zur Pfaueninsel und gegenüber auf die Villen der heutigen Prominenz. Ägyptisch dekoriert ist die Fassade der **Orangerie** 6. Das anschließende Holländische Etablissement bestand aus Wohnungen für die Dienerschaft, Wirtschaftsgebäuden und Ställen. In den Bauten sind heute Restaurierungswerkstätten der Stiftung Preußische Schlösser und Gärten Berlin-Brandenburg untergebracht. Wer möchte, geht noch am Ufer entlang bis zur **Gotischen Bibliothek** 7. Der kürzere Weg zum Ausgang und zur nächsten Bushaltestelle führt jedoch geradeaus durch das Pförtnerhaus. Im linken Portiershaus gibt es eine kleine Ausstellung zur Geschichte des Neuen Gartens.

Marmorpalais

MAL PAUSE MACHEN

Im Sommer kann man sich in **Pandoras Café** in und vor der Orangerie im Neuen Garten – gut bewacht von ägyptischen Skulpturen – mit Espresso und Kuchen stärken.
- 1. Juli–15. Sept., tgl. 11–18 Uhr

Touren im Anschluss: 26, 27

N
0
200 m
Station Cecilienhof-Meierei/Wassertaxi
Riesterhorn
Jungfern-see
Meierei
3
Muschelgrotte
2
Quapphorn
Station Sacrow-Heilandskirche/Wassertaxi
NAUENER
VORSTADT
Höhenstr.
Berlinstr.
Am Neuen Garten
P
Schloss Cecilienhof
4
Gedenkstätte Potsdamer Abkommen
Grünes Haus
NEUER
GARTEN
LIEGE-WIESE
Schwanen-brücke
Schwanenallee
Leistikowstr.
Pyramide
Matrosenstation Kongsnaes
1
Glienicker Brücke
Böcklinstr.
Menzelstr.
Am Neuen Garten
5
Marmorpalais
25
BERLINER
VORSTADT
Station Glienicker Brücke/Wassertaxi
Orangerie
6
Heiliger See
Seestr.
Ludwig-Richter-Str.
Berliner Str.
Mühlenweg
Ausgang
Tiefer See
Gotische Bibliothek
7
Am N. Garten
Mangerstr.
Behlert-str.
Kleines Schloss
1
Gerichtslaube
Matrosen-haus
Hans-Thoma-Str.
Station Schiffbauer-gasse/Wassertaxi
Erlebnisquartier Schiffbauergasse
Station Schloss und Park Babelsberg /Wassertaxi
Berliner Str.
Strandbad Babelsberg
Flatowturm
Hans-Otto-Theater
STADT-ZENTRUM

Tour 26

Park Sanssouci – Preußens Glanz

Friedenskirche › Schloss Sanssouci › Historische Mühle › Orangerie › Chinesisches Haus › Römische Bäder › Schloss Charlottenhof › Neues Palais

Start: Luisenplatz (ab Potsdam Hauptbhf. Tram 91 – Mo–Fr auch Tram 98 – bis Luisenplatz/Süd sowie Bus 606)
Ziel: Bahnhof Park Sanssouci (Regionalbahn)
Wann: ganzjährig; schönes Wetter für den Park, Schlossbesuche auch bei Regen
Distanz: 6 km

Potsdams berühmtestes Schloss am Weinberg thront über dem Park Sanssouci, durch den sich ein 60 km langes Wegenetz zieht. Zwischen Obelisk und Neuem Palais sind gepflegte Parkanlagen und Gärten, Skulpturen und königliche Bauwerke zu entdecken.

Grünes Gitter

Am Luisenplatz, gleich hinter dem Brandenburger Tor, beginnt die Allee nach Sanssouci. Das **Grüne Gitter** ist der Haupteingang zum Park, an dem Besucherbetreuer in preußischem Gewand freundlich Auskunft geben und um einen Obolus für den Park bitten; die Dankeskarte zeigt auf der Rückseite einen Plan des Parks.

Die Vorlieben zweier Preußenkönige spiegeln sich im Park und den Schlossanlagen: Friedrich dem Großen (1712–86) ist das »friderizianische Rokoko« zu verdanken, Friedrich Wilhelm IV. (1795–1861) schwärmte für alles Italienische. Gleich rechts erhebt sich das italienisch inspirierte Ensemble um die **Friedenskirche** 1. Nach Westen öffnet sich der bezaubernde **Marlygarten,** von Peter Joseph Lenné als Idealbild des Landschaftsgartens gestaltet, durch den man wieder den Weg »Am Grünen Gitter« erreicht – und schon blickt man auf die einzigartige Terrassenanlage von Schloss Sanssouci. Friedrich der Große ließ sich den Rokokobau von Wenzeslaus von Knobelsdorff als Sommerresidenz erbauen. Die große Fontäne, umgeben von marmornen Allegorien römischer Götter und der Elemente, liegt mitten auf der Hauptallee, die sich schnurgerade vom Obeliskenportal bis zum Neuen Palais am anderen Ende des Parks erstreckt. Wein und Feigen reifen in den Nischen der Terrassenanlage. Auf der obersten Terrasse rechts außen ist das Grab von Friedrich dem Großen, auf dem fast immer Blumen und Kartoffeln liegen. Der Alte Fritz hatte seinen Untertanen den Anbau der nahrhaften Knolle befohlen.

Der Eingang zum prunkvollen **Schloss Sanssouci** 2 12 (Zeitfenstertickets an der Kasse oder im Internet: https://tickets.spsg.de/), liegt auf der Rückseite im Ehrenhof. Von hier aus blickt man auf den Ruinenberg mit seinen romantischen Architekturfragmenten, wie sie zu Friedrichs Zeiten Mode waren. Einen schönen Eindruck vom Leben abseits der Prunkgemächer gibt die Schlossküche im östlichen Seitenflügel von Sanssouci; der Küchenshop gleich daneben und der Museumsshop im westlichen Damenflügel verführen zum Kauf. Höfische Pracht und Reichtum wiederum spiegeln die Bildergalerie östlich und das Schloss Neue Kammern westlich von Schloss Sanssouci.

Zwischen der **Historischen Mühle** und dem Besucherzentrum führt ein Weg zum **Orangerieschloss** 3, das den Traum Friedrich Wilhelms IV. vom preußischen Arkadien verwirklicht. Vom Turm hat man einen wunderbaren Blick auf den Park.

Über die Orangerieterrassen steigt man hinunter, überquert die Maulbeerallee und erreicht wieder die Hauptallee – es lohnt der Abstecher zum verspielten **Chinesischen Haus** 4, dessen goldener Figurenschmuck die Chinamode des 18. Jhs. spiegelt.

An den **Römischen Bädern** 5 und dem **Schloss Charlottenhof** 6 wird es wieder romantisch italienisch. Beide Bauensembles sind Werke der preußischen Baumeister Karl Friedrich Schinkel und Ludwig Persius. Eine heitere Stimmung verbreiten der Maschinenteich, der **Rosengarten**, der Dichterhain hinter dem Schloss und das verborgene Hippodrom.

Auf dem weiteren Weg zum Neuen Palais eröffnen sich immer wieder überraschende Sichten auf den Park und seine Bauten. Den imposanten Abschluss des Parks Sanssouci im Westen bildet das **Neue Palais** 7. Friedrich der Große selbst nannte das Schloss mit seiner üppig dekorierten Fassade, der mächtigen Kuppel und den prächtig ausgestatteten Wohnräumen, Festsälen und einem Schlosstheater »Fanfaronnade« (Angeberei). Zu Friedrichs 300. Geburtstag 2012 wurden restaurierte Räume erstmals zugänglich und die Kolonnade gegenüber zeigt sich komplett saniert. Am Südtor bietet das Besucherzentrum viel Information. Der Weg führt geradeaus weiter zum Regionalbahnhof »Park Sanssouci«.

MAL PAUSE MACHEN

Der **Park Sanssouci** bietet viele reizvolle Ecken für eine Pause auf einem langen Spaziergang, einer der schönsten ist der **Rosengarten** zwischen Schloss Charlottenhof und dem Maschinenteich.

Touren im Anschluss: 24, 25, 27

RUINENBERG
Bornstedter Friedhof
Krongut Bornstedt
Bornstedter See
Bornstedter Straße
Ribbeckstr.
An der Orangerie
Mövenpick Restaurant
Katzensäule
Voltaireweg
Gregor-Mendel-Str.
Besucher-zentrum
Zur Historis. Mühle
Belvedere
Weinberg
Drachenhaus
Winzerhaus
Ehemalige Parkoper
Lindstedter Tor
Maulbeerallee
Kaiser-Friedrich-Str.
Amundsenstr.
Orangerie-schloss
Friedrich Wilhelm IV.
PARK
PARADIES-GARTEN
Stibadium (Ruhebank)
NORDISCHER GARTEN
Historische Mühle
Schloss Sanssouci
Grabstätte Friedrich II.
Bildergalerie
Schopenhauer-
Weinbergstr.
Am Neuen Palais
Ehemaliges Gärtner-und Kastellanhaus
Heckentheater
Bogenschütze
Jubiläums-terrasse
BOTANISCHER GARTEN
Ehe. Hof-gärtnerhaus
Neue Kammern
SIZILIANISCHER GARTEN
Weinberg-terrassen
HOLLÄNDISCHER GARTEN
Neptun-grotte
Gr. Fontäne
Universität Potsdam
Antiken-tempel
Reiterstandbild Friedrich II.
Frosch-fontäne
Glocken-fontäne
Obelisk
Friedens-teich
Comuns I
Kolonnade
Comuns II
Neues Palais
Hauptallee
Freunschafts-tempel
Sonnenlaube
Dresdner Fontäne
MARLYGARTEN
Friedenskirche
Chinesisches Haus
Ökonomieweg
Standbild Friedrich II.
Am Grünen Gitter
Allee nach Sanssouci
Brandenburger Tor
Schloss-theater
REHGARTEN
Ehemalige Teeküche
Luisen-Pl.
Besucher-zentrum
Lindenavenue
Theaterweg
Ehemalige Meierei
Zimmerstr.
Zimmer-Platz
straße
SANSSOUCI
Lennéstr.
Römische Bäder
BRANDENBURGER
Feuerbachstr.
Marktcenter
Germanicus
Breite Str.
Friedrich II.
Stibadium (Ruhebank)
Schloss Charlottenhof
Maschinen-teich
Hans-Sachs-Str.
Fasanerie
DICHTERHAIN
BLUMEN-GARTEN
Erlöser-kirche
Zeppelin-
Hippodrom
Schafgraben
Neustädter Havelbucht
Werderscher Damm
Geschwister-Scholl-Straße
Forst-straße
DB
Bf. Potsdam Park Sanssouci
Ehemalige kaiserliche Post
VORSTADT
Bf. Potsdam Charlottenhof
N
0
200 m
1
2
3
4
5
6
7
12
26

Tour 27

Von der Garnisonstadt zum Welterbe

Bahnhof › Alter Markt › Filmmuseum Potsdam › Neuer Markt › Brandenburger Tor › Holländisches Viertel › Russische Kolonie Alexandrowka

Start: Ⓢ **Potsdam (S 7; Regionalbahn)**
Ziel: Ⓢ **Potsdam (S 7; Regionalbahn)**
Wann: **jederzeit; wer shoppen will, nur werktags**
Distanz: **4 / 5 km**

Potsdam ist nicht nur Sanssouci: Die Hauptstadt des Bundeslandes Brandenburg, von vielen Berlinern als Vorort Berlins gesehen, ist eine lebendige Stadt voller Geschichte.

Vom Hauptbahnhof Potsdam kommend nähert man sich dem Stadtzentrum über die verkehrsreiche **Lange Brücke.** Von der rechten Seite blickt man hinunter auf die **Freundschaftsinsel,** die von der in Neue und Alte Fahrt geteilten Havel umflossen wird. Auf der linken Seite führt am Ende der Langen Brücke eine Treppe hinunter zum **Lustgarten** am Fuße des Mercure-Hochhaus-Hotels und zur Anlegestelle der Ausflugsdampfer.

Vor allem aber zieht – geradeaus – ein gewaltiger Baukörper die Blicke auf sich: **Am Alten Markt** 1 ist das barocke Potsdamer Stadtschloss, dessen Kriegsruine die DDR-Regierung 1960 abreißen ließ, in seiner äußeren Gestalt wiedererstanden. Seit 2014 residiert in den funktional modernen Innenräumen der **Brandenburgische Landtag**. Der Innenhof, Ausstellungen im Foyer, das rekonstruierte Knobelsdorff-Treppenhaus sowie die Cafetería mit Dachterrasse sind öffentlich zugänglich. Strahlend schön restauriert ist die von Karl Friedrich Schinkel 1830 erbaute klassizistische **Nikolaikirche,** der 1850 die weithin sichtbare Kuppel aufgesetzt wurde. In 50 m Höhe, auf einem Umgang unterhalb der Kuppel, bieten sich herrliche Ausichten auf Potsdam. Schräg gegenüber duckt sich das prächtige **Alte Rathaus** von 1753. Hier zeigt das Potsdam Museum wechselnde Ausstellungen zur Stadtgeschichte.

An der Breiten Straße liegt der original erhaltene Marstall, der seit 1981 das **Filmmuseum Potsdam** 2 beherbergt. Der restaurierte **Kutschstall am Neuen Markt** 3 zeigt als Haus der Brandenburgisch-Preußischen Geschichte eine Dauerausstellung zum Thema und im angrenzenden Neubau Sonderausstellungen. Zur Stärkung laden im Innenhof des Kutschstallensembles das Bistro-Restaurant **Hammer** (€€) und am Neuen Markt die **Waage** (Nr. 12, ab 12 Uhr, €€) im historischen Waagegebäude ein. Auffallend ist das **Gebäude Am Neuen Markt 5.** Die Fassade lehnt sich modern abstrahierend an den Vorgängerbau von 1755 an, der einem italienischen Palazzo nachgebildet war. Die Häuser entlang der Siefertstraße harren noch der Restaurierung.

Im Filmmuseum

Eine Fußgängerbrücke über den Stadtkanal führt in die **Wilhelm-Staab-Straße** mit ihren restaurierten Barockfassaden. Dahinter entstand vieles neu, so auch der **Nikolaisaal** 4, ein Konzerthaus mit zeitgemäßer Technik. Die einstige Garnisonstadt, die König Friedrich Wilhelm I. in der ersten Hälfte des 18. Jhs. für seine Soldaten anlegen ließ, erstreckt sich zwischen Charlottenstraße und Hegelallee, Schopenhauer- und Friedrich-Ebert-Straße. Hier finden sich schön restaurierte neben noch vernachlässigten Häusern und Barockes neben DDR-Historismus.

Vom **Brandenburger Tor** 5 zur Kirche **St. Peter und Paul** 6 führt die Brandenburger Straße, Potsdams Haupteinkaufsmeile mit Dutzenden kleiner Läden, zum Teil um hübsche Innenhöfe drapiert, dem prächtig restaurierten **Stadtpalast** (Kaufhaus) sowie vielen Straßencafés. Am authentischen Ort erinnert die

Gedenkstätte Lindenstraße 54 an zwei Diktaturen: Das einstige Palais war Untersuchungsgefängnis der Nationalsozialisten und später der Staatssicherheit der DDR.

Nördlich der Kirche liegt das **Holländische Viertel** 7 mit seinen roten Backstein-Giebelhäusern aus dem 18. Jh. Die malerisch restaurierten Gebäude beherbergen heute Kunsthandwerksläden sowie Restaurants und Bars. Weitere beliebte Cafés konzentrieren sich am **Nauener Tor.**

Durch das Tor weiter nördlich gelangt man zur **Russischen Kolonie Alexandrowka** 8 mit ihren 13 Blockhäusern nach russischem Vorbild (1826/1827), sie gehören zu den Denkmalbereichen des Potsdam-Berliner UNESCO-Welterbegebiets.

Mit der Straßenbahn 92 kommt man zurück zum Potsdamer Hauptbahnhof. Oder man setzt den Spazierweg weiter nördlich mit dem Pfingstberg fort, über den man auch in den Neuen Garten (Tour 25) gelangt.

MAL PAUSE MACHEN

Im Zentrum sind Cafés keine Mangelware. Auf dem weiteren Spaziergang ist die **Russische Teestube und Restaurant** ein origineller Ort zum Rasten.

- Alexandrowka Haus 1
  Mo Ruhetag

Touren im Anschluss: 25, 26

NAUENER VORSTADT
Russ. Kolonie
Museum Alexandrowka
Russische Kolonie Alexandrowka
8
Antenne Brandenburg
Puschkinallee
Am Neuen Garten
Marmorpalais
Orangerie
Weißes Haus
Braunes Haus
Gotische Bibliothek
Georg-Hermann-Allee
Pappelallee
Am Schragen
Ehem. Ruinenberg-Kaserne
JÄGER-VORSTADT
Schlegelstr.
Voltaireweg
Russ. Kolonie
Allee-str.
Emmaus-haus
H.- Lange- Str.
Friedrich- Ebert- Str.
Christuskirche
Hebbel-str.
Behlert-str.
Behlertstr.
Palais Lichtenau
Brentanoweg
Ulanenweg
Jägerallee
Stadthaus Potsdam (Stadtverwaltung)
Gregor- Mendel- Str.
Kurfürstenstr.
H.-Thoma-Str.
Winzerberg
Weinberg-str.
Nauener Tor
Holländisches Viertel
Leiblstr.
Gutenberg-str.
Hegelallee
Mittel-str.
7
Benkertstr.
Schopenhauer-str.
Obelisk
Jägertor
Gutenbergstr.
Bassin-platz
Friedens-teich
Herm.-Elflein-Str.
Guttenbergstr.
6
Am Bassin
St. Peter und Paul
Franz.-K.
Gedenkstätte Lindenstraße 54
Brandenburger Str.
Brandenburger Tor
Linden-str.
Charlottenstr.
Wilhelm-Galerie
Luisen-Pl.
5
Obelisk
4
Nikolai-saal
Wilh.-Staab-Str.
Platz der Einheit
Berliner
Am Kanal
Zeppelinstr.
Fontane Arch.
Dortustr.
Yorck-str.
Post
Am Kanal
Marktcenter
Glockenspiel
Garnison-kirche (Baustelle)
ehem. Militär-waisenhs.
Siefertstr.
Fr.- Ebert- Str.
Nikolai-kirche
Am Alten Markt
1
Altes Rathaus Potsdam-Museum
Burg-str.
Insel-brücke
Breite Str.
Naturkunde-museum
Kutsch-stall
Am Neuen Markt
3
Fortunaportal
Alte Fahrt
Freilichtbühne
Freundschafts-insel
Dampfmaschinen-haus (Moschee)
W.- Seelenb.-Str.
Schloßstr.
2
Film-museum Potsdam
Branden-burgischer Landtag (Stadtschloss)
Theater-schiff
Ausstellungs-pavillon
Neue Fahrt
Henning-von-Tresckow-Str.
Neustädter Havelbucht
LUST-GARTEN
Lange Brücke
Babelsberger Str.
Am Lustgartenwall
27
PotsdamCenter Bahnhofspassagen
POTSDAM HBF.
Friedrich-List-Str.
Anlegestelle Ausflugsdampfer
Untere Planitz
Obere Planitz
Hinzenberg
DB
S
Haupt-bahnhof
N
0
200 m

Tour 28

Olympiastadion und Waldbühne

Olympiastadion › Glockenturm › Waldbühne › Corbusier-Haus › Georg-Kolbe-Museum › Friedhof an der Heerstraße › U-Bahn-Museum

Start: Ⓢ/Ⓤ Olympiastadion (S 5; U 2)
Ziel: Ⓢ/Ⓤ Olympiastadion
Wann: jederzeit; Einschränkungen bei Veranstaltungen möglich; jeden 2. Sa im Monat ist das U-Bahn-Museum geöffnet
Distanz: 7 km

In Berlin erzählen viele Orte von der Vergangenheit, auch das Olympiastadion, das sich zugleich als spektakuläre Arena präsentiert. Weitere Höhepunkte sind ein Architekturdenkmal der 1950er-Jahre und ein idyllisch gelegener Friedhof.

Olympiastadion

Der Stadionrundgang, der erste Teil des Spaziergangs, beginnt und endet am Osttor vor dem **Olympischen Platz** 1. Im Besucherzentrum (links) erhält man Eintrittskarten, Informationen zum Führungsangebot und kann sich einen Audioguide ausleihen. Seit der Fußball-WM 2006 populär, ist das **Olympiastadion** 2 in der Rangliste der meist besuchten Sehenswürdigkeiten Berlins weit nach oben geklettert. Das 2004 komplett, aber unauffällig modernisierte Stadion beeindruckt durch die spektakuläre Dachkonstruktion der Architekten Gerkan Marg & Partner und überrascht mit einer blauen Kunststofflaufbahn. Auf geführten

Touren kann man auch einen Blick in das Allerheiligste wie Spielerkabinen und Ehrentribünen werfen. Unabhängig von Führungen kann man sich auf einen Geschichtslehrpfad begeben. Zahlreiche Infotafeln rund um das Stadion und im weitläufigen Olympiapark geben Auskunft zur Entstehungs- und Nutzungsgeschichte der Sportbauten, zum Skulpturenschmuck und damit zur nationalsozialistischen Bau- und Kunstpolitik.

Das ehemalige Reichssportfeld im Westen Charlottenburgs wurde für die Olympischen Sommerspiele 1936 nach Entwürfen des Architekten Werner March erweitert. Es umfasst neben dem Olympiastation Schwimm-, Hockey- und Reiterstadion, das Maifeld mit Glockenturm, die Waldbühne sowie das Deutsche Sportforum, dessen Einrichtungen bis 1990 von den Britischen Streitkräften genutzt wurden.

Die Eintrittskarte zum Olympiastadion und Olympiapark gilt auch für den **Glockenturm** 3. In seinem Sockelgeschoss, an das unmittelbar die Maifeld-Tribüne anschließt, informiert eine Dauerausstellung über den »Geschichtsort Olympiagelände 1909–1936–2006« (Mitte März–Mitte Nov. tgl., im Winter an eisfreien Wochenenden). Ein Stockwerk höher, von der Terrasse an der Gedenkstätte Langemarckhalle, und noch besser vom 77 m hohen schlanken Glockenturm (Aufzug) kann man das Stadion und das Maifeld, als Aufmarschgelände für 500 000 Menschen geplant, gut übersehen – und einen Blick auf die **Waldbühne** 4 werfen. Die idyllische Freiluftarena für 22 000 Zuschauer, Berlins beliebteste Open-Air-Bühne, ist nur bei Veranstaltungen zugänglich.

Waldbühne

Durch die Passenheimer Straße und Jesse Owens Allee oder Scottweg erreicht man die massig-kompakte Wohnmaschine des Schweizer Architekten Le Corbusier, ein Architekturdenkmal von 1957. Damals erregte das zur Internationalen Bauausstellung errichtete **Corbusier-Haus** 5 mit über 500 Wohnungen auf 17 Stockwerken großes Aufsehen.

Ein Pfad hinter dem Hochhaus führt zu einer Treppe, die in die Heilsberger Allee mündet. Rechts durch die Sensburger Allee geht es bis zum **Georg-Kolbe-Hain** 6 mit fünf Großskulpturen des Bildhauers. Georg Kolbes nahe gelegenes Atelier und Wohnhaus inmitten eines Kiefernwäldchens wurde zum sehenswerten **Georg-Kolbe-Museum** mit wechselnden Ausstellungen.

MAL PAUSE MACHEN

Der idyllische Garten des **Georg-Kolbe-Museums** unter alten Kiefern verlangt geradezu nach einer Pause im **Café K**, in dem man Kuchen, feine Leckerbissen oder einfach nur ein Glas Wein genießt.

Unter der S-Bahn-Brücke hindurch gelangt man zu einem Hintereingang des **Friedhofs Heerstraße** 7. Hier ruhen zahlreiche Prominente, darunter Georg Kolbe, George Grosz, Joachim Ringelnatz und der Schauspieler Horst Buchholz. Besonders idyllisch ist die Anlage von 1924 rund um den Sausuhlensee. Von dieser Senke aus steigen die Grabreihen terrassenförmig an.

Friedhof Heerstraße

Vom Haupteingang des Friedhofs an der Trakehner Allee ist es nicht weit zur U-Bahn Olympiastadion. Wer am 2. Samstag im Monat unterwegs ist, kann noch das **U-Bahn-Museum** im Stellwerk des U-Bahnhofs besichtigen. Einige der Exponate aus der über 100-jährigen Geschichte der Berliner U-Bahn darf man bedienen.

Touren im Anschluss: 29, 30

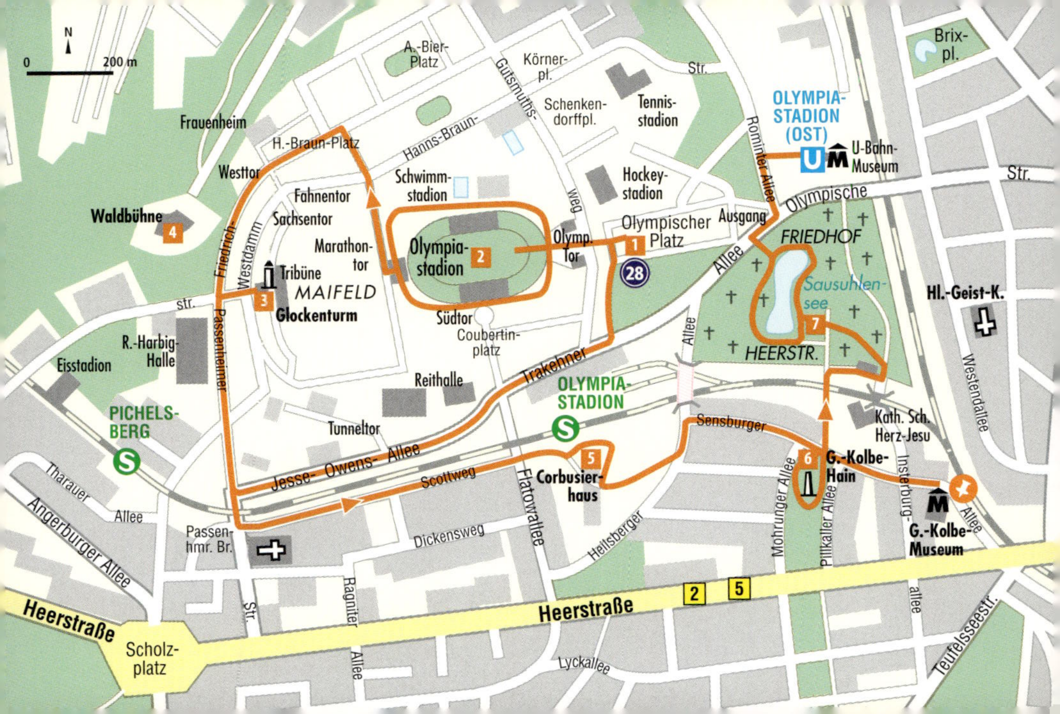
N
0
200 m
A.-Bier-Platz
Körner-pl.
Gutsmuths-weg
Schenken-dorffpl.
Tennis-stadion
Str.
Brix-pl.
OLYMPIA-STADION (OST)
U-Bahn-Museum
Str.
Frauenheim
H.-Braun-Platz
Hanns-Braun-
Schwimm-stadion
Hockey-stadion
Rominter Allee
Olympische
Westtor
Fahnentor
Sachsentor
Waldbühne
4
Olympischer Platz
Ausgang
FRIEDHOF
Marathon-tor
Olympia-stadion
2
Olymp. Tor
1
28
Friedrich-
Westdamm
Tribüne
MAIFELD
3
Glockenturm
Allee
Sausuhlen-see
Hl.-Geist-K.
str.
Südtor
Coubertin-platz
7
HEERSTR.
R.-Harbig-Halle
Eisstadion
Passenheimer
Reithalle
Trakehner
Allee
OLYMPIA-STADION
Westendallee
PICHELS-BERG
Tunneltor
Sensburger
Kath. Sch. Herz-Jesu
Jesse- Owens- Allee
5
Corbusier-haus
Scottweg
Flatowallee
6
G.-Kolbe-Hain
Mohrunger Allee
Pillkaller Allee
Insterburg-allee
G.-Kolbe-Museum
Allee
Tharauer Allee
Angerburger Allee
Passen-hmr. Br.
Dickensweg
Hellsberger
Str.
Ragniter Allee
2
5
Heerstraße
Heerstraße
Scholz-platz
Lyckallee
Teufelsseestr.

Tour 29

Teufelssee und Teufelsberg: 120 m Schutt

S-Bahnhof Grunewald › Waldmuseum › Teufelssee › Teufelsberg › Teufelsseechaussee (bis S-Bahn Heerstraße oder) › Alte Allee › Eichkampstraße › Grunewald

Start: Ⓢ Grunewald (S 7)
Ziel: Ⓢ Grunewald (S 7) oder Ⓢ Heerstraße (S 5)
Wann: an trockenen Tagen zu allen Jahreszeiten
Distanz: 7,5 km

Natürlich kann man einfach nur durch den Grunewald, den größten innerstädtischen Wald – und Waldgebiet des Jahres 2015 –, streifen und einen Aussichtsberg erklimmen, man kann aber auch am Wegesrand eine Fülle an Wissenswertem erfahren: Waldmuseum und Ökowerk klären über unterschiedliche naturnahe Themen auf.

Mahnmal »Gleis 17«

Ausgangspunkt ist der S-Bahnhof Grunewald, seit 1899 ein Eingangstor in die Welt der Reichen. Die Villenkolonie aus der Kaiserzeit, in der auch heute viel Prominenz residiert – in der Nachbarschaft liegt auch das romantische **Schlosshotel im Grunewald** –, lassen wir jedoch hinter uns liegen und nehmen die Unterführung unter der Avus, der Stadtautobahn, hindurch zur Eichkampstraße.

Im Durchgang führt eine Treppe zum **»Gleis 17«** **1**: Von hier aus wurden während der NS-Herrschaft zwischen 1941 und 1945 fast 40 000 Menschen deportiert. Das Mahnmal »Gleis 17« benennt auf einer langen Reihe von Stahlgussplatten entlang der

Bahnsteigkante in chronologischer Reihenfolge die Transporte vom Bahnhof Grunewald mit Datum, Anzahl der deportierten Menschen und Bestimmungsort.

Jenseits der Avus lädt die **Waldklause** (€) am Schmetterlingsplatz (Eichkampstraße 156) zur Stärkung ein. Schon nach wenigen Minuten über den Schildhornweg biegt man vor der Revierförsterei Eichkamp nach links ab zum **Waldmuseum mit Waldschule** 2. Die bunte Sammlung in dem Landhaus, vieles davon zum Anfassen, bringt Kindern die Lebensgemeinschaft Wald mit ihren Tieren und Pflanzen näher und hält auch für Erwachsene manche Überraschung bereit. Stark gefragt sind die geführten Nachtwanderungen (die Termine erfahren Sie unter Tel. 813 34 42).

Nächstes Ziel ist der **Teufelssee** 3, ein Überrest aus der Eiszeit, der sich in einer Schmelzwasserrinne gebildet hat. An heißen Tagen lockt der idyllisch gelegene Badesee – einer der kleinsten, aber tiefsten Berlins – mit seinem kalten Wasser viele Badelustige an, darunter vor allem FKK-Anhänger. Dann wird es eng auf der kleinen Liegewiese am Südufer.

Ein Stück kann man am See entlang laufen, dann macht der Weg eine größeren Bogen, kreuzt die Alte Spandauer Poststraße, umrundet das unter Naturschutz stehende Teufelsfenn, eines der Grunewaldmoore, und führt zum ältesten Wasserwerk Berlins. Hier hat sich das **Naturschutzzentrum Ökowerk** 4 eingerichtet. Sehenswert ist die Informationsschau »Wasserleben«.

MAL PAUSE MACHEN

Nach dem Spaziergang durch den Grunewald verlockt das **Bistro auf dem Gelände des Ökowerks** mit Vollkornkuchen, -pizza, Bioeis sowie Säften aus dem Umland.
- nur Sa, So, feiertags

Am Ökowerk beginnt die Teufelsseechaussee. Nur wenige Schritte hinter dem Parkplatz führt ein asphaltierter Weg hinauf auf den **Teufelsberg** 5. Die steilen Kurven sind eine echte Herausforderung für Skateboardfahrer, die hier auch sportliche Rennen austragen. Der künstliche Teufelsberg, 115 m hoch, entstand durch die Anhäufung von Trümmerschutt des Zweiten Weltkriegs. Darunter wurde das Fundament der von Albert Speer geplanten »wehrtechnischen Fakultät« begraben. Während des Kalten Krieges betrieb die National Security Agency (NSA) der US-Army auf dem Gipfel eine **Abhöranlage**, deren Überreste noch erhalten sind. Täglich finden Führungen über das Gelände statt, mit historischen Erläuterungen (Mo–Fr 14.30, Sa/So 13 Uhr). Lohnend sind auch die Aussichten Richtung Westen auf die Havellandschaft, im Osten auf die weit entfernt erscheinende Stadtsilhouette. Rundum kann man verschiedene Freizeitaktivitäten beobachten oder ausüben: Klettern am Kletterfels, Querfeldein-Mountainbiken, Drachensteigen im Herbst, Rodeln und Skifahren im Winter, Joggen und Spazierengehen zu jeder Jahreszeit.

Über mehrere Windungen steigt man wieder hinab zur Teufelsseechaussee, die Richtung Norden zur S-Bahn **Heerstraße** führt. Oder man folgt der Alten Allee an mehreren Sportanlagen vorbei und durch die ruhige Eichkampsiedlung zurück zum S-Bahnhof **Grunewald**.

Übrigens: Bei diesem und all den anderen Waldspaziergängen in Berlin gilt es, die Dämmerung zu meiden – in der Großstadt sind massenweise Wildschweinherden (und viele Füchse) unterwegs!

Tour im Anschluss: 28

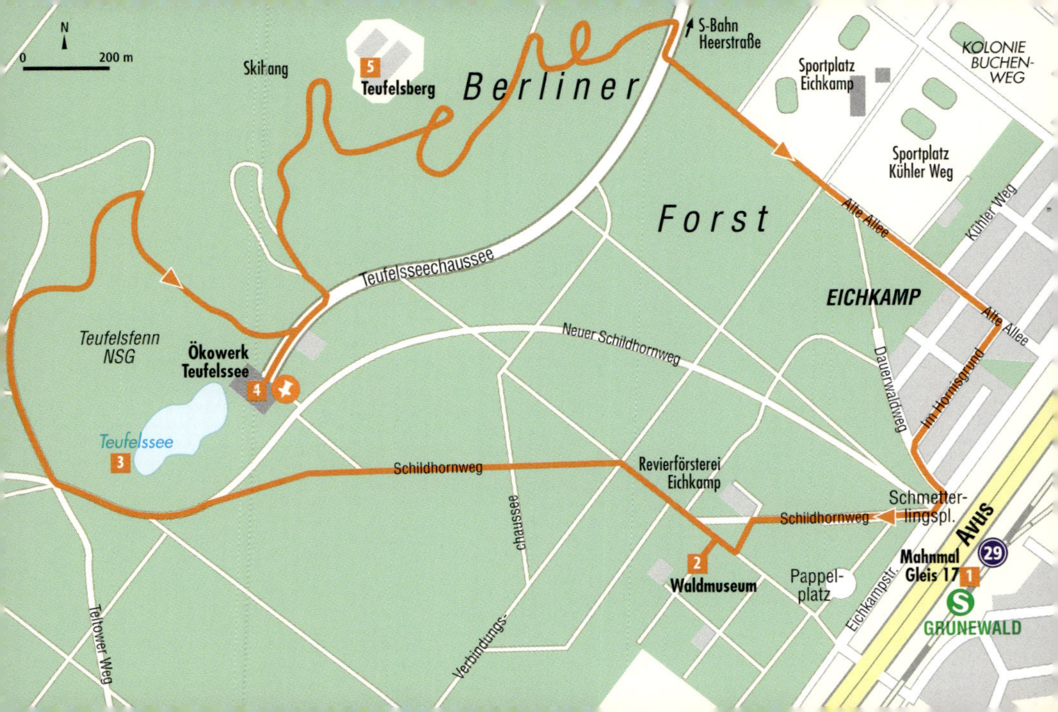

N
0
200 m
Skihang
5
Teufelsberg
Berliner Forst
S-Bahn Heerstraße
Sportplatz Eichkamp
KOLONIE BUCHEN-WEG
Sportplatz Kühler Weg
Kühler Weg
Alte Allee
Teufelsseechaussee
EICHKAMP
Teufelsfenn NSG
Ökowerk Teufelssee
4
Neuer Schildhornweg
Im Hornisgrund
Dauerwaldweg
Teufelssee
3
Schildhornweg
Revierförsterei Eichkamp
Schmetter-lingspl.
Avus
29
chaussee
2
Waldmuseum
Pappel-platz
Mahnmal Gleis 17
1
GRUNEWALD
Eichkampstr.
Verbindungs-
Teltower Weg

Tour 30

Spandau – willkommen im Mittelalter

Zitadelle › Kolk › St. Nikolai › Markt › Kunstremise › Gotisches Haus › Lindenufer › Galerie Spandow › Rathaus

Start: Ⓤ Zitadelle (U 7)
Ziel: Ⓢ Spandau (S 5; Regionalbahn)/ Ⓤ Rathaus Spandau (U 7)
Wann: das ganze Jahr über bei gutem Wetter; Havelländischer Land- und Bauernmarkt im Sommer (Mo, Di, Do Fr 9–19 Uhr), berühmt ist der Weihnachtsmarkt
Distanz: 3 km

Spandau feierte 2012 sein 780. Stadtjubiläum und ist damit älter als Berlin – worauf die Spandauer stolz sind. Mit Zitadelle und Kolk verfügt der Bezirk über bedeutende Zeugnisse aus dem Mittelalter – und in der Altstadt über die größte Fußgängerzone Berlins.

Zitadelle

Ausgangspunkt ist die **Zitadelle Spandau** 1, eine der bedeutendsten Renaissancefestungen Europas, die man über eine Zugbrücke ereicht. Wer entdeckungsfreudig oder an einem Tag mit Veranstaltungsprogramm unterwegs ist, kann sich lange hier aufhalten. Reste einer slawischen Befestigungsanlage stammen aus der Zeit um 1050. Rund 500 Jahre später ließ Kurfürst Joachim II. die Festung erbauen, die 1564 fertig gestellt wurde. Die Zitadelle war Burg, Festung, Gefängnis, Tresor für den Reichskriegsschatz und im Zweiten Weltkrieg Lager für chemische Kampfstoffe – bis sie zum Kulturzentrum wurde.

Die Dauerausstellung im Kommandantenhaus berichtet »Aus der Geschichte der Burg und der Zitadelle Spandau«. Vom Juliusturm blickt man aus 30 m Höhe in die Havellandschaft. Das ehemalige Zeughaus beherbergt das Stadtgeschichtliche Museum. In der Bastion Königin kann man (nach Anmeldung) jüdische Grabsteine aus dem Mittelalter sehen. Ateliers und Werkstätten für Künstler, Kunsthandwerker und ein Puppentheater befinden sich im Haus 4. Eine weitere Dauerausstellung, »Enthüllt. Berlin und seine Denkmäler«, ist in Vorbereitung. Weitere Räume werden für wechselnde Ausstellungen und Konzerte genutzt. Im Zitadellenhof werden regelmäßig große Feste gefeiert und die mittelalterliche **Zitadellen Schänke** (s. Restaurants, S. 139) verspricht rustikale Tafelfreuden. Eine besondere Attraktion sind die Fledermausführungen (Tel. 36 75 00 61, www.bat-ev.de): 10 000 heimische Exemplare nutzen die Zitadelle alljährlich als Winterquartier. Den ganzen Sommer über bespielt das »Citadel Music Festival« das Freigelände. In der **Freilichtbühne** 2 gibt es Veranstaltungen für Familien.

Von der Juliusturmbrücke blickt man auf die Schleuse Spandau, die den Höhenunterschied zwischen der Unterhavel und der Oberhavel überwindet. Gleich hinter der Brücke führt eine Treppe hinunter in den **Kolk** 3, Spandaus ältesten Stadtteil. In der privat restaurierten St. Marienkirche finden oft Lesungen und Konzerte statt. Kolk, Behnitz und Möllentordamm heißen die Gassen im einstigen Fischerkiez mit niedrigen Fachwerkhäusern aus dem 18. und Mietshäusern aus dem 19. Jh. Die Reste der Stadtmauer am Hohen Steinweg stammen aus dem 14. Jh.

Im Kolk

Südlich der Straße Am Juliusturm liegt die **Altstadt Spandau,** die zum größten Teil Fußgängerzone ist. Die Einkaufsmeile Carl-Schurz-Straße kreuzt den Reformationsplatz mit der **St. Nikolai-Kirche** 4, in der sich 1539 Kurfürst Joachim II. (sein Standbild steht davor) zum lutherischen Glauben bekannte. Gegenüber blickt man im **Archäologischen Keller** (Am Reformationsplatz 3–4 und an der Mönchstraße) durch Glasscheiben auf Fundamente eines Dominikaner-Klosters und Grabfunde (13.–15. Jh.).

Am **Markt** geht es erst nach rechts in die Moritz- und dann nach links in die Jüdenstraße, die auf das Viktoria-Ufer trifft. Im spitzen Winkel befindet sich hinter weiteren Resten der Stadtmauer die **Kunstremise** 5, in der Künstler und Kunsthandwerker ihre Arbeiten anbieten (Mo–Fr 14–18 Uhr).

Zurück über den Markt, ist das **Gotische Haus** in der Breiten Straße 32 einen Besuch wert. Der unverputzte Teil stammt aus dem 15. Jh. Historische Mauern sind im Keller freigelegt, das Obergeschoss beherbergt Ausstellungsräume, ebenerdig gibt die Spandau-Information touristische Auskunft.

Nach einem Abstecher zum **Lindenufer,** wo Spree und Havel zusammenfließen, geht es durch den schmucken Handwerkerhof der **Galerie Spandow** (s. Shopping, S. 144) zurück zum Markt, wo im Dezember die Lichter des Weihnachtsmarktes erstrahlen. Ein Havelländischer Land- und Bauernmarkt findet im Sommer statt (Mo, Di, Do Fr 9–19 Uhr). Durch die Carl-Schurz-Straße sind es nur wenige Schritte bis zum imposanten **Rathaus Spandau** 6 von 1913 mit der U-Bahn unmittelbar davor.

MAL PAUSE MACHEN

Ein Florida-Eis ist ein Muss bei einem Spaziergang durch Spandau. Direkt am U-Bahnhof Rathaus Spandau verführt das größte **Florida-Eiscafé** auf zwei Etagen und mit großer Terrasse mit bis zu 40 Eissorten.

Touren im Anschluss: 28, 29

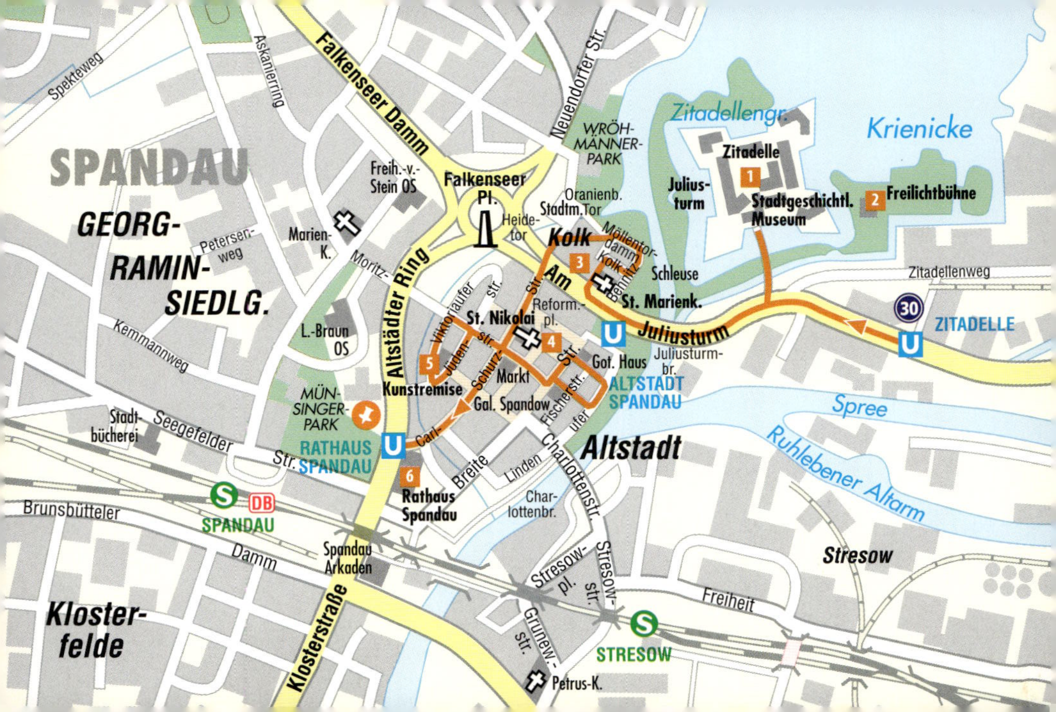

SPANDAU
GEORG-RAMIN-SIEDLG.
Kloster-felde
Falkenseer Damm
Falkenseer Pl.
Altstädter Ring
Klosterstraße
Neuendorfer Str.
Askanierring
Spekteweg
Petersenweg
Kemmannweg
Seegefelder Str.
Brunsbütteler Damm
Freih.-v.-Stein OS
Marien-K.
Moritz-
L.-Braun OS
MÜNSINGER-PARK
RATHAUS SPANDAU
SPANDAU
DB
Stadtbücherei
Spandau Arkaden
6
Rathaus Spandau
Carl-
Breite
Linden
Charlottenbr.
Charlottenstr.
Kunstremise
5
Viktoriaufer
Juden-str.
Schurz-str.
Gal. Spandow
Markt
Fischerstr.
4
St. Nikolai
Reform.-pl.
Str.
Got. Haus
ALTSTADT SPANDAU
Altstadt
ufer
Heide-tor
Stadtm.Tor
Oranienb.
WRÖHMÄNNER-PARK
Kolk
3
Am
Möllentor-damm
Kolk
Behnitz
St. Marienk.
Schleuse
Juliusturm
Juliusturm-br.
Julius-turm
Zitadelle
1
Stadtgeschichtl. Museum
2
Freilichtbühne
Zitadellengr.
Krienicke
Zitadellenweg
30
ZITADELLE
Spree
Ruhlebener Altarm
Stresow
Freiheit
Stresow-pl.
Stresow-str.
STRESOW
Grunew.-str.
Petrus-K.

The Westin Grand

Das Hotelangebot ist riesig – und wird immer größer. Meist ist auch kurzfristig ein Zimmer zu bekommen, vorausgesetzt, es findet nicht gerade ein Großereignis statt, wie die Internationale Tourismusbörse oder die Internationale Funkausstellung. Gerade Wochenendbesucher sollten nach Pauschalangeboten und Sonderpreisen fragen bzw. im Internet suchen.

ackselhaus BERLIN (Prenzlauer Berg)
Belforter Str. 21, Tel. 44 33 76 33,
www.ackselhaus.de, €€–€€€
Eine Mietskaserne in Prenzlauer Berg verwandelte sich nach sorgfältiger Restaurierung in ein schickes Apartment-Hotel: Die ursprünglichen Wohnungen bestimmen den Grundriss der Themen-Zimmer (Italien, Marine, Savanne etc.). Zauberhaft ist der kleine, begrünte Innenhof. Der Club del Mar ist charmanter Frühstückssalon, am offenen Kamin kann man sich das Meer dazu träumen.

Adlon Kempinski **(Mitte)**

Unter den Linden 77, Tel. 22 61-0, www.hotel-adlon.de, €€€

Der Klassiker unter den Top-Hotels in Berlin: Das legendäre Adlon aus der Kaiserzeit ist am Brandenburger Tor wiedererstanden – äußerlich in den historischen Dimensionen, im Innern mit prachtvollem Entree, Ballsälen, Spa und Pool. Genießer schwärmen vom Gourmet-Restaurant Lorenz-Adlon-Esszimmer. Schön sitzt man auch im Terrassen-Cafe Quarrée direkt am Pariser Platz.

Die Fabrik **(Kreuzberg)**

Schlesische Str. 18, Tel. 611 71 16, 617 51 04, www.diefabrik.com, €

Eine Fabrik eben: steile Treppen, lange Flure, hohe Räume, große Fenster. Die Unterkunft in 1–7-Bett-Zimmern ist hell und schlicht, Duschen und WC befinden sich auf den Etagen. Garten im Hof.

Grand Hyatt Berlin **(Tiergarten)**

Marlene-Dietrich-Platz 2, Tel. 25 53 12 34, www.berlin.grand.hyatt.de, €€€

Schöner wohnen am Potsdamer Platz: Das Innenleben überrascht mit kühnem Design und zeitgenössischer Kunst, perfekt gestylt bis hin zum Blumenarrangement. Die luxuriösen Zimmer haben große Bäder. Vom Spa im Dachgeschoss genießt man den Blick über den Potsdamer Platz, in der Showküche des Restaurants Vox werden kreative Gerichte gezaubert.

Honigmond Garden Hotel (Mitte)
Invalidenstr. 122, Tel. 28 44 55 77,
www.honigmond.de, €€
Die liebevoll restaurierten, farbenfroh gestalteten Räume liegen zum idyllischen Hofgarten, einige auch in der Remise, den Garten vor der Tür. Will man hier weg? Falls man doch etwas erleben möchte: Zu Sightseeing und Nachtleben ist es nicht weit.

Hotel de Rome (Mitte)
Behrenstr. 37, Tel. 460 60 90, Reservierung Tel. 1805–12 33 70,
www.hotelderome.com, €€€
Was begeistert mehr: Der einzigartige Blick von der Dachterrasse über die historische Mitte Berlins oder das Eintauchen in den golden schimmernden Pool? Das Luxushotel war Hauptquartier der Dresdner Bank. Spa und Pool nehmen den einstigen Tresorraum ein, die Suiten wurden auf der Vorstandsetage eingerichtet. Der Stil ist klassisch-streng, harmonisch vereint mit edlem Design.

Mövenpick Hotel Berlin (Kreuzberg)
Schöneberger Str. 3, Tel. 23 00 60,
www.moevenpick-hotels.com, €€
Im »Siemenshaus« von 1914 wurden viele Details der industriellen Vergangenheit bewahrt. Die unterschiedlichen Zimmer sind modern gestaltet. Das Dach über dem mediterranen Restaurant Hof 2 lässt sich im Sommer öffnen. Der Potsdamer Platz ist nicht weit entfernt.

Hotel Riehmers Hofgarten (Kreuzberg)

Yorckstr. 83, Tel. 78 09 88 00, www.riehmers-hofgarten.de, €€

Der Name steht für den Standort: Das Haus in zentraler Lage nahe Bergmannstraße und Mehringdamm bewahrt den Charme der Berliner Gründerzeit, belebt durch Kunst der 1990er-Jahre. Das hervorragende Restaurant e.t.a. hoffmann (€€€) gehört zum Haus.

Titanic Deluxe Berlin (Mitte)

Französische Straße 30, Tel. 20 14 37 00, www.titanic-hotels.com, €€–€€€

Märchen aus 1001 Nacht hinter preußischen Mauern, opulent-nostalgischer Ballsaal und moderne Showküche, Champagner in der Schinkel-Bar und Relaxen im großzügigen Hamam: Das neue Luxushotel nahe dem Gendarmenmarkt, mit 208 Zimmern auf sechs Etagen, steht u.a. für beste deutsch-türkische Beziehungen.

The Westin Grand (Mitte)

Friedrichstr. 158–164, Tel. 2 02 70, www.westin.de/Berlin, €€€

Die große Freitreppe im Foyer ist geradezu gemacht für glamouröse Auftritte. Die Zimmer sind historisch prunkvoll oder sachlich-kühl eingerichtet, sie bieten modernen Komfort und angenehmes Wohnambiente, die Suiten zusätzlich Büroausstattung oder ein privates Spa.

Pauly Saal

Die Zahl der Restaurants, Imbisse, Cafés, Kneipen und Bars in der Hauptstadt ist unüberschaubar, und täglich ändert sich die Szene. In Berlin können Sie in allen Küchen dieser Welt schwelgen – egal ob vietnamesisch oder russisch, ob norwegisch oder libanesisch, ob thailändisch oder australisch. Ungeheuer vielfältig ist die Imbisskultur – neben der berühmten Currywurst und dem inzwischen überall verbreiteten Döner finden sich auch Sushi, Schawarma oder Falafel ... In den Spitzenrestaurants sollten Sie allerdings unbedingt vorher reservieren.

Café-Restaurant »Wintergarten«
(Wilmersdorf, Tour 9, Seite 43)
Literaturhaus, Fasanenstr. 23, Tel. 882 54 14, €–€€
Ob in den Kaffeehausstuben, im anheimelnden Wintergarten oder im wunderschönen Garten: Hier bleibt man gerne länger

sitzen. Anregung zu Gesprächen geben viele Veranstaltungen im Literaturhaus. Frühstücken kann man bis 14 Uhr. Die Speisekarte der Bistroküche, darunter auch vegetarische Gerichte, wechselt nach Saison. Die Auswahl am Kuchenbüfett ist groß.

Das Meisterstück (Mitte, Tour 5, Seite 28)
Hausvogteiplatz 3–4, Tel. 55 87 25 62,
www.dasmeisterstueck.de, €€
Von Meisterhand gebraut, gebacken und gebraten: Bier, Brot und Wurst aus eigener Herstellung sind die Grundlagen für eine genussvolle Brotzeit mit vielen Varianten. Auch Kaffee, Schokolade und Wein wurden von Meistern ihres Fachs ausgewählt. Der rustikale Gastraum mit einem großen Sortiment an handgemachten Kuckucksuhren an den Wänden (zum Verkauf) ist ebenso einladend wie der nette Innenhof.

Defne (Kreuzberg, Tour 13, Seite 60)
Planufer 92c, Tel. 81 79 71 11, www.defne-restaurant.de, €€
Die türkische Küche ist mehr als Döner, Börek und Pide. Defne, auf türkisch »Lorbeer«, stützt sich auf die unterschiedlichsten Einflüsse der türkischen (Ess-) Kultur, die seit jeher eine vielseitige »fusion«-Küche pflegt. Lorbeer als Gewürz spielt in der mediterranen Küche auch eine wichtige Rolle. In dem Lokal mit hübschem Vorgarten sitzt man sehr gemütlich. Kein Wunder, dass es immer voll wird.

Enoiteca Il Calice (Charlottenburg, Tour 9, Seite 44)
Walter-Benjamin-Platz 4, Tel. 324 23 08, €€€
Edel-Italiener mit dem lebhaften Betrieb einer venezianischen Osteria: Ausgewählte Weine norditalienischer Weingüter stehen im Mittelpunkt und werden von perfekt harmonierenden Speisen begleitet, vom Schälchen Oliven über variationsreiche Platten mit Wurst, Schinken und Käse bis zur verlockenden Auswahl an Antipasti. Auch komplette Menüs mit passendem Wein werden angeboten. Im Sommer verlagert sich das Treiben ins Freie – man fühlt sich fast wie in Italien. Reservierung zu empfehlen.

Henne (Kreuzberg, Tour 13, Seite 60)

Leuschnerdamm 25,
Tel. 614 77 30,
www.henne-berlin.de, €
Neben Würsten steht nur ein einziges Hauptgericht mit zwei wählbaren Salaten auf der Speisekarte: Die gebackenen Jungmasthähnchen sind einmalig gut, und das Wirtshaus von 1907 ist ein Berliner Unikum. Unbedingt reservieren!

Horvath (Kreuzberg, Tour 13, Seite 60)
Paul-Lincke-Ufer 44 a, Tel. 61 28 99 92,
www.restaurant-horvath.de, €€€
Die Kreativität des Sternekochs Sebastian Frank kennt keine Grenzen. Am besten, man probiert das Horvath-Menü mit sechs, acht oder zehn Gängen und lässt seinen Gaumen überraschen.

Man sitzt im Vorgarten am Landwehrkanal ebenso schön wie im eleganten Lokal innen.

Lutter & Wegner Remise im Schloss Glienicke (Zehlendorf, Tour 22, Seite 96)
Königstr. 36, Tel. 805 40 00, €€–€€€
Wiener Schnitzel mit Kartoffelsalat darf auf der Karte eines Ausflugslokals nicht fehlen, ebenso Kaffee und Kuchen. Daneben gibt es je nach Saison auch ausgefallene Gerichte, etwa Weißwurstravioli mit Senf- Kirschmarmelade. Man sitzt wunderbar im großen Innenhof oder auf der romantischen Terrasse.

Markthalle Neun (Kreuzberg, Tour 13, Seite 61)
Eisenbahnstraße 42/43, www.markthalleneun.de, €
Donnerstagabends ist »Streetfood Thursday« (17–22 Uhr) mit frisch zubereiteten Köstlichkeiten aus in Berlin ansässigen Küchen der Welt. Am besten vor 18 Uhr dort sein, denn ab 19 Uhr platzt die Markthalle aus allen Nähten. Mittagsgerichte bekommt man in der **Kantine** (Mo–Sa 12–16 Uhr) und im **Café 9** Kaffee und Kuchen (7.30 bis 17.30 Uhr).

Pauly Saal (Mitte, Tour 4, Seite 24)
Jüdische Mädchenschule, Auguststr. 11–13, Tel. 33 00 60 70, www.paulysaal.com, €€€
Die Einrichtung in der ehemaligen Turnhalle ist opulent, die Tische im einstigen Schulhof sind strahlend weiß eingedeckt: Das Ambiente stimmt erwartungsfroh. Die Küche (1-Michelin-Stern) verspricht Regional-Bodenständiges wie Potsdamer Ente und Lammkeule von der Müritz. Die Preise sind weit oben angesiedelt. Ein Tipp: Mittags sind die Gerichte erschwinglicher.

Refugium (Mitte, Tour 5, Seite 28)
Gendarmenmarkt 5, Tel. 229 16 61,
www.restaurant-refugium.de, €€€

Die saisonal wechselnde anspruchsvolle Regionalküche kann man im einfühlsam modernisierten Gewölbe unter dem Französischen Dom oder unter Zwergahornbäumen mitten auf dem Gendarmenmarkt genießen. Mittags gibt es »Schnell & lecker« zwei Gänge für 15 €.

Schneeweiß (Friedrichshain, Tour 14, Seite 65)
Simplonstraße 16, Tel. 29 04 97 04, www.schneeweiss-berlin.de, tgl. ab 18 Uhr, Sa/So Brunch 10–13 Uhr, €€–€€€
Aus der Fülle der gastronomischen Angebote vorwiegend asiatischer und orientalischer Spielart im Friedrichshainer Kneipenkiez ragt das Schweeweiß doppelt heraus: Das mit Design-Preisen ausgezeichnete Interieur harmoniert bestens mit der modernen »Alpenküche«. Auf der wechselnden Karte stehen z. B. Ochsenbäckchen mit Salbei oder Zander mit Palmherzen.

Típica (Mitte, Tour 2, Seite 16)
Rosenstraße 19, Tel. 25 09 94 40, www.tipica.mx, €–€€
Etwas abseits vom Trubel am Hackeschen Markt liegt das kleine Restaurant, das sich der authentischen mexikanischen Küche verschrieben hat. Spezialität dieser »Taquería« sind Tacos, mit gegrilltem Fleisch und köstlichen Salsas belegte Tortillas. Nach

dem Mahl kann man sich einen Tequila gönnen – oder aber eine mexikanische Cocktailspezialität.

Volt **(Kreuzberg, Tour 13, Seite 60)**
Paul-Lincke-Ufer 21, Tel. 33 84 023 20,
restaurant-volt.de, €€€
Industriekultur und moderne Gastronomie: Das passt perfekt zusammen. Ein altes Umspannwerk bietet den rustikal eleganten Rahmen für die Kreationen von Chefkoch Matthias Gleiß. Der setzt auf gute deutsche Traditionsküche, raffiniert verfeinert und gern kontrastiert, z. B. Grünkohl und Trüffel. Auch ein vegetarisches Menü steht auf der Karte.

Weinstein **(Prenzlauer Berg, Tour 17, Seite 75)**
Lychener Str. 33, Tel. 441 18 42, www.weinstein.eu, €€
Klein ist es und immer voll in der Weinschenke, das liegt an den guten Weinen, an den passenden Speisen und am freundlichen Service. Wer nicht reserviert hat, findet selten auf Anhieb einen Platz, kann sich aber die Wartezeit schon mal mit einem guten Schluck in der Weinbar verkürzen.

Zitadellen Schänke **(Spandau, Tour 30, Seite 127)**
Am Juliusturm, Tel. 334 21 06,
www.zitadellenschaenke.de, €€ (Menü: €€€)
Geheimnisvolles aus der Klosterküche, Verführerisches beim Liebesmahl, Deftiges zur Sauhatz: Schlemmen wie im Mittelalter ist im romantischen Gewölbekeller der Spandauer Zitadelle angesagt – und höchst populär. Die opulenten Festtafeln, von Bänkelgesang begleitet, wechseln je nach Jahreszeit. Hausgetränke sind Met und Bärenpunsch.

Berlin Story

Ob KaDeWe oder Friedrichstraße, ob ein Lakritzladen oder ein Schokoparadies, ob Trödel- oder BiOrientalmarkt – in Berlin kommt jeder zu seinen Einkäufen.

Ampelmann-Shop (Mitte, Tour 4, Seite 23)
Rosenthaler Str. 40/41, Hackesche Höfe, Hof 5
(Filialen: u. a. Potsdamer Platz Arkaden, Basement; im Dom Aquaree, Karl-Liebknecht-Str. 1), www.ampelmann.de,
Mo–Sa 9.30–22, So 10–19 Uhr

Das DDR-Ampelmännchen hat nicht nur überlebt, es steht in Rot und läuft in Grün, u. a. als Schlüsselanhänger, Leuchtfigur, Buchstütze, Keksausstecher oder Korkenzieher, und schmückt T-Shirts und andere Wäschestücke.

Aufbau Haus **(Kreuzberg, Tour 13, Seite 58)**
Prinzenstr. 85 D, www.aufbauhaus.de,
Mo–Fr 10–20, Sa 10–18 Uhr
In diesem Kreativhaus und Kunstzentrum haben neben dem Aufbau Verlag weitere Verlage ihren Sitz, es gibt ein Theater, Galerien, einen Buchladen und zahlreiche Geschäfte. Bei **Modulor** finden Künstler und Hobbybastler »Material total«, vom Zeichenblock über Farben und Dekostoffe bis zu Gerätschaften und jede Menge Anregungen.

Berlin Story **(Mitte, Tour 1, Seite 11)**
Unter den Linden 40, www.berlinstory.de
Ein Besuch dieser Buchhandlung, die gleichzeitig Museum, Galerie und Souvenirshop ist, ist für den Anfang eines jeden Berlin-Besuchs zu empfehlen. Vor der Abreise kommt man gerne noch einmal wieder, um etwas für die Lieben daheim mitzunehmen. 2500 Buchtitel über Berlin aus allen Genres machen die Wahl zur Qual. Dazu Berlin auf Video, DVD, CD, Poster, Postkarten und berlinische Souvenirs. Außerdem lädt das »Historiale Berlin Museum« mit Installationen und Großfotos zu einem schnellen Streifzug durch wichtige Stationen Berliner Geschichte ein.

Bikini Berlin **(Charlottenburg, Tour 9, Seite 43)**
Budapester Straße 40–50, www.bikiniberlin.de
Concept Mall nennt sich das neue Konzept für Lifestyle-Shopping: Mode und Accessoires, Schmuck und Papeterie, Designer und Newcomer: Hier sucht man nicht nach etwas Bestimmten, hier findet man nebenbei das das ganz besondere Einzelstück. Dazu kulinarisches, schöne Aussichten auf den Zoo, das Hotel 25hours und die Monkey Bar mit umlaufender Dachterrasse.

DIM / Blindenanstalt Berlin (Kreuzberg, Tour 13, Seite 59)
Oranienstr. 26, Tel. 902 98 66 21, www.dim-berlin.de,
Mo–Do 10–19 Uhr, Fr/Sa verlängerte Öffnungszeiten bei Wein und Tapas

Korbwaren, Bürsten und Besen gelten als typische Blindenwaren. In der Blindenanstalt Berlin werden sie seit über 120 Jahren hergestellt. Vor einigen Jahren entstand in Zusammenarbeit mit Design-Studenten »Die imaginäre Manufaktur«, in der Blinde und andere Menschen mit Handicap nach traditioneller Handwerkskunst eine vielfältige Palette an Gebrauchs- und Schmuckgegenständen aus Borsten und Holz mit neuem Design und neuer Funktion herstellen.

Dussmann – Das Kulturkaufhaus (Mitte, Tour 5, Seite 27)
Friedrichstr. 90, Tel. 20 25 11 11, www.kulturkaufhaus.de,
Mo–Sa 10–22 Uhr

Riesenauswahl auf fünf Etagen: Bücher, CDs, DVDs, Hörbücher, Software, Geschenke, feine Papiere und Noten. Regelmäßig Buchpräsentationen und Kulturveranstaltungen. Ein Café gibt es auch.

Fassbender & Rausch (Mitte, Tour 5, Seite 28)
Charlottenstr. 60, Gendarmenmarkt,
www.fassbender-rausch.de

Europas größtes Schokoladenhaus ist zum Anbeißen verlockend, wenn auch die Schokoladennachbildungen von Reichstag, Brandenburger Tor und der Titanic nur zum Anschauen gedacht sind. An der Pralinentheke aber gibt es Trüffel, Konfekt und ausgefallene Pralinenkreationen in bester handwerklicher Qualität, frisch in jeder gewünschten Menge verpackt oder in opulenten Bonbonnieren. Dazu Plantagenschokoladen aus den besten Edelkakaos der Welt. Zusätzlich kann man sich im Schokoladencafé Marzipan- oder Herrentörtchen zur Trinkschokolade schmecken lassen. Und im ersten Schokoladenrestaurant Europas werden Menüs kreiert, in denen Edelkakao den Gerichten eine besondere Note gibt.

Flagshipstore Oderberger (Prenzl. Berg, Tour 17, Seite 76)
Oderberger Str. 53,
Tel. 43 73 53 27, www.flagshipstore-berlin.de,
Mo–Sa 12–20 Uhr

Berliner Modelabels und Jungdesigner sind hier mit Einzelstücken oder aktuellen Kollektionen vertreten. Das Sortiment umfasst Lässiges und Ausgefallenes für »Girls« und »Boys« sowie originelle Accessoires, Schmuck und Designobjekte.

Friendly Society Berlin (Mitte, Nähe Tour 17, Seite 76)
Griebenowstraße 23, Di–So 12–18 Uhr
Originelle kleiner Laden in einer Seitenstraße zwischen Zionskirchplatz und Kastanienallee. Neben ausgefallener Mode für

Sie und Ihn, schönen Schmuckkreationen, edlen Designstücken, raffinierten Accessoires gibt es Kunstausstellungen, Minicafé und sonntags Kulturprogramm im Roten Salon im Keller.

Galeries Lafayette und Quartier 206 **(Mitte, Tour 5, Seite 28)**
Friedrichstr. 76–78 und 71, www.galerieslafayette.de,
Mo–Sa 10–20 Uhr
Das französische Nobelkaufhaus **Galeries Lafayette** setzt Schwerpunkte mit aktuellen Modekollektionen aus Frankreich, Accessoires und Schönheitsprodukten sowie Lifestyle und Büchern. Anziehungspunkt ist die Gourmetetage mit Kaffees und französischen Delikatessen. Eine Passage im Untergeschoss verbindet mit dem **Quartier 206**, in dem Boutiquen mit Designer-Mode, Accessoires und Wohndesign zu finden sind.

Galerie Spandow **(Spandau, Tour 30, Seite 128)**
Breite Str. 23, Tel. 333 14 14, galerie-spandow.de,
Mo–Mi 10–19, Do/Fr 10–20, Sa 10–16 Uhr
Im Vorderhaus am Spandauer Markt ein Traditionsgeschäft für Uhren, Juwelen und Optik, im Hinter- oder Handwerkerhof stellen junge Schmuckdesigner in der Galerie Spandow aus und bieten ihre originellen Kreationen zum Kauf an. Im Kunstsalon gibt es zusätzlich interessante Veranstaltungen.

Grober Unfug **(Kreuzberg, Tour 12, Seite 56)**
Zossener Str. 32/33, Tel. 69 40 14 90, Filiale: Torstraße 75 (Mitte), Tel. 281 73 31, www.groberunfug.de
Alles, was der Comic-Markt zu bieten hat, ist hier zu finden, dazu gibt es auch Raritäten für Sammler. In einer Galerie werden Comics natürlich auch ausgestellt.

KaDeWe **(Schöneberg, Tour 9, Seite 42)**

Tauentzienstr. 21–24, www.kadewe.de

Seit über 100 Jahren ist das »Kaufhaus des Westens« ein Shoppingparadies und inzwischen einer der größten Kaufpaläste der Welt. Hier ist alles vom Feinsten: Designermode und Edelkollektionen, Accessoires, Parfümerie, Tisch- und Küchenkultur und das Highlight im 6. Stock: die Feinschmeckeretage, ein Edelsupermarkt mit vielen Feinschmeckerbars – auch bei den Berlinern beliebt. Weitere kulinarische Leckerbissen bietet **LeBuffet** unter dem Dach.

Museumsshop Charlottenburg **(Tour 10, Seite 48)**

Schloss Charlottenburg (auch im Schloss Sanssouci und im Cecilienhof), www.museumsshop-im-schloss.de

Einkaufen wie bei Hofe: Schmuck und Seidenschals, wie sie Königin Luise trug, Wein, wie ihn Friedrich der Große getrunken haben könnte, oder Mokkatassen mit Motiven aus der Schlosseinrichtung. Viele Produkte werden exklusiv für die Museumsshops entworfen. Daneben gibt es Biographien, Bildbände und Kinderliteratur zu preußisch-königlichen Themen.

Potsdamer Platz Arkaden **(Tiergarten, Tour 6, Seite 32)**

Potsdamer Platz, www.potsdamer-platz-arkaden.de

Das beliebte und lichte Einkaufszentrum hat eine gute Mischung aus Einzelhandelsgeschäften von Mode über Bücher bis hin zu Elektronik und dazu jede Menge gastronomische Angebote. Besonders lecker ist das Eis in der »Gelateria und Café«.

SO36

Fast rund um die Uhr gibt es nichts, was es hier nicht gibt, allerdings wandelt sich auch kaum etwas schneller als die Kneipen- und Klubszene.

Adagio (Tiergarten)
Marlene-Dietrich-Platz 1, Tel. 30 25 89 89 0, www.adagio.de, Fr, Sa ab 22 Uhr
Nach Jahren als opulent ausgestattetes Märchenschloss präsentiert sich das Adagio in neuem stylischen Design. Berlins größter Partytempel liegt unter dem Musicaltheater am Potsdamer Platz. Gefeiert wird freitags und samstags zu Danceclassics und aktuellen Charthits. Bevorzugter Schauplatz für Filmpremierenfeiern und Gala-Events.

Bar am Lützowplatz (Tiergarten)
Lützowplatz 7, Tel. 262 68 07, www.baramluetzowplatz.com
Klassisch-elegante Bar mit langem Tresen und riesiger Cocktailkarte, die auf Klassiker setzt. Genießer haben außerdem die Wahl bei über hundert Sorten Champagner und ausgesuchten Malt-Whiskey-Raritäten. Freitags ab 21 Uhr: Hip-Hop meets Jazz.

Clärchens Ballhaus (Mitte)

Auguststr. 24, Tel. 282 92 95, www.ballhaus-mitte.de

Schwoofen wie einst bei »Clärchen«, dem traditionellen Ballhaus in der Mitte Berlins. Heute ist hier täglich ab 10 Uhr »bis in die Puppen« Betrieb. Montags und mittwochs kann man für Salsa und Swing die richtigen Tanzschritte erproben und am Wochenende zu Livemusik abtanzen (sonntags ab 15 Uhr). Zur Stärkung gibt es Pizza und Buletten. Im Sommer sitzt man wunderbar draußen im lauschigen Biergarten.

Lido (Kreuzberg)

Cuvrystr. 2, www.lido-Berlin.de

Als Kino erbaut, als Rocker-Disco und Theaterprobenbühne genutzt, ist das Lido mit seinem 1950er- und 1960er-Jahre-Charme seit 2006 ein Klub mit Dancefloor und Bühne für Livekonzerte und DJ-Partys. Die Musik spannt sich von Indie-Rock über Punk bis Electropop. Mit Biergarten, der im Winter zur überdachten Lounge wird. Keine festen Veranstaltungstage.

Puro Sky Lounge (Charlottenburg)

Europa Center, Tauentzienstr. 11, Tel. 26 36 78 75

Berlins höchst gelegener Klub bietet eine fantastische Aussicht und eine elegante Atmosphäre. Viele Promis fühlen sich hier oben wohl; oft geschlossene Veranstaltungen. Zur »Puro Lounge« (Fr ab 22 Uhr) ist der Eintritt frei.

Quasimodo (Charlottenburg)

Kantstr. 12a, Tel. 3 12 80 86, www.quasimodo.de, Livemusik tgl. ab 22 Uhr

Die Großen des Jazz waren alle schon da: Art Blakey, Dizzy Gillespie, Chet Baker... Auch die aktuellen Gäste begeistern beinahe täglich mit Jazz, Blues, Funk, Soul und Rock das Publikum in dem kleinen Jazzkeller unter dem Delphi-Kino.

SO 36 (Kreuzberg)

Oranienstr. 190, Tel 6140 13 06, www.so36.de

2009 von der Musikwirtschaft zum »Klub des Jahres« gewählt und das mit stolzen 31 Jahren. Das SO 36 ist Legende und erfindet sich immer wieder neu. 1978 eröffnet, erlebte der Klub seine wilden Jahre mit den Punk- und New-Wave-Bands der 1980er-Jahre und sorgt immer noch für Lautstärke und Stimmung mit Livekonzerten und DJs. Einmal im Monat wird der Dancefloor zur RollerDisco – mit der Musik der 1970er- und 1980er-Jahre.

Spindler & Klatt (Kreuzberg)

Köpenickerstr. 16–17, Tel. 30 69 56 67 75, www.spindlerklatt.de, White Lounge tgl. ab 18, Restaurant ab 20 Uhr, Sa wechselnde Events

Das edel-asiatisch gestylte Bigsize Klubrestaurant im ehemaligen Kornlager der Heeresbäckerei macht seinem Namen alle Ehre. In der riesigen Halle findet jeder seine bevorzugte Ecke. Die Terrasse an der Spree bietet einen schönen Blick hinüber zur East Side Gallery. Der Clou sind bequeme große weiße Liegebetten, auf denen man es sich bequem machen kann – und auch asiatisch inspirierte Gerichte und Drinks serviert bekommt. Tische und Stühle gibt es auch.

Strandbar Mitte **(Mitte)**

Monbijoupark, www.strandbar-mitte.de

Die »Mutter aller Strandbars« hat sich zum Klassiker entwickelt. Tagsüber kommen die Sonnenanbeter, am frühen Abend sind die Cocktails begehrt und später in der Nacht wird – mit Blick auf das Bode-Museum – unterm Sternenhimmel geschwooft. Tanz von Tango bis Salsa und Walzer.

Watergate **(Kreuzberg)**

Falckensteinstr. 49 a, Tel. 61 28 03 94, www.water-gate.de, Mi, Fr, Sa ab 22 Uhr, Events ab Mitternacht

Bei Nacht wirken die Türme der Oberbaum-Brücke wie aus dem Rittermärchen geholt: Die tolle Aussicht durch große Fenster und die Terrasse am Fluss sind herausragende Pluspunkte des kühl designten Klubs. Hier legen überwiegend internationale DJs auf.

40 seconds **(Tiergarten)**

Potsdamer Str. 58, Tel. 890 642 41, www.40seconds.de, Fr, Sa ab 23 Uhr

40 Sekunden braucht der Fahrstuhl bis zum Penthouse – und dann öffnet sich von drei Dachterrassen aus ein funkelndes Panorama über das Kulturforum bis zum Potsdamer Platz. Der Klub mit Bar im Zentrum und drei Lounges öffnet freitags und samstags ab 23 Uhr für lange Partynächte.

Anreise

• **Flugzeug**

Flughafeninfo und Flugauskunft: 0180 5000 186, www.berlin-airport.de. Berlin hat zwei Flughäfen: **Berlin Tegel (TXL)** und **Berlin Schönefeld (SXF).** Transfer: von **Berlin Tegel** ExpressBus TXL über den Hauptbahnhof nach Mitte; Bus 109 und X 9 (Airport-Express) in die West-City; Bus 128 zum U-Bahnhof Kurt-Schumacher-Platz (Linie 6); von **Berlin Schönefeld** ExpressBus X7 in den Hauptverkehrszeiten (sonst Bus 171) zum U-Bahnhof Rudow der Linie U 7; S-Bahn.Linie 9 und Airport Express über Alexanderplatz und Friedrichstraße zum Hauptbahnhof.

• **Bahn**

Hauptbahnhof Berlin, Europa-Platz/Washington-Platz, Tel. 118 61, www.bahn.de. S-Bahn (S 5, 7, 75, 9) zum Bahnhof Zoo bzw. Friedrichstraße Alexanderplatz, Bus M41 und M85 zum Potsdamer Platz, U-Bahn zum Brandenburger Tor, TXL nach Mitte.

• **Bus**

Fernbusse: www.busliniensuche.de.

Fundbüros

• **Zentrales Fundbüro,** Platz der Luftbrücke 6, Tempelhof, Tel. 902 77 31 01.

• **BVG Fundbüro,** Potsdamer Straße 180/182, Schöneberg, Tel. 1 94 49.

Kartenvorverkauf

Kartenbuchungen für Theater-, Konzert- und andere Veranstaltungen über

• **visitBerlin,** Tel. 25 00 25, www.visitberlin.de, Menüpunkt Suchen + Buchen. Tickets für ausgewählte Veranstaltungen (Musicals) am Aufführungstag zum halben Preis in den Berlin Tourist Infos.

• **Hekticket,** Alexanderplatz, Alexanderstr. 1, 1. OG links, Mo–Fr 12–19 Uhr; Am Zoo, Hardenbergstr. 29d,

Tel. 230 99 30, Mo–Sa 10–20, So 14–18 Uhr.
Am Aufführungstag Restkarten bis zum halben Preis ermäßigt (ab 14 Uhr, www.hekticket.de).

Kulturinfos

- www.berlin-buehnen.de
- www.berlinerfestspiele.de
- www.berliner-philharmoniker.de
- www.kulturprojekte-berlin.de
- www.museumsportal-berlin.de
- www.smb.museum

Notruf

- Ärztlicher Bereitschaftsdienst, Tel. 31 00 31
- Call a doc, Tel. (0 18 04) 22 55 23 62
- Zahnärztlicher Bereitschaftsdienst, Tel. 89 00 43 33
- **Notruf und Feuerwehr,** Tel. 112
- **Polizei,** Tel. 110
- **Giftnotruf,** Tel. 192 40

Post

- **Spätannahme:** Georgenstr. 12, Mitte, Mo–Fr 6–22, Sa/So 8–22 Uhr

Touristeninformationen

- **visit Berlin GmbH (BTM):** Informationen, Reservierung von Hotels und Tickets, Tel. (030) 25 00 25, reservation@visitberlin.de information@visitberlin.de, www.visitberlin.de
- **Berlin Tourist Info:** Infos, Hotelreservierung, Veranstaltungstickets (auch Last-Minute), WelcomeCard (s. »Unterwegs«); Berlin-Souvenirs: im Hauptbahnhof, Ebene 0/Eingang Nord, Europa Platz 1, tgl. 8–22 Uhr; im Brandenburger Tor, Südl. Torhaus, Sommer tgl. 9.30–18 Uhr, Winter tgl. 10 bis 18 Uhr. Im Neuen Kranzlereck, Passage, Kurfürstendamm 22; Info-Point am Fernsehturm sowie in beiden Flughäfen.
- **Weitere Stadtinfos:** www.berlin.de

Öffentliche Verkehrsmittel

U-Bahn, Busse und Straßenbahnen der **BVG** sowie die S-Bahn der Bahn AG bilden in der VBB (Verkehrsgemeinschaft Berlin Brandenburg) einen Tarifverbund. Es gibt drei Tarifzonen (AB, BC, ABC).

Die BVG (www.bvg.de) bietet neben Einzelfahrscheinen und Tageskarten verschiedene Tickets an, darunter **Kleingruppenkarte** (bis zu 5 Pers.), **Welcome Card** (1 Erw. und bis zu 3 Kindern, gültig im Netz der VBB für 2, 3 oder 5 Tage, mit oder ohne Potsdam, auch mit Museumsinsel, dazu ermäßigte Eintritte und Rabatte. Ein ähnliches Produkt ist die **Welcome Card Culture** (Museumspass inkl.) und **CityTour Card** (1 Erw., 1 Kind bis 6 Jahre, ermäßigte Eintritte).

MetroLinien (M) – Busse und Straßenbahnen – verkehren in kurzen Abständen auf den Hauptstrecken rund um die Uhr (nachts im 30-Minuten-Takt).

Am Wochenende (Fr/Sa/Fei sowie vor Feiertagen) gibt es durchgängigen **Nachtverkehr** auf zahlreichen S- und allen U-Bahnlinien (außer U4 und U55). An anderen Tagen fahren Nachtbusse nach Betriebsschluss der U-Bahn (an Werktagen ca. ab 0.30 Uhr) etwa alle 30 Minuten (www.bvg.de, www.s-bahn-berlin.de).

Sightseeing

- **Buslinie 100:** Vom Bhf. Zoo durch den Tiergarten, am Reichstag vorbei (Brandenburger Tor) und weiter Unter den Linden bis zum Alexanderplatz.
- **Buslinie 200:** Vom Bhf. Zoo zum Potsdamer Platz, weiter über Leipziger, Wilhelmstraße, Unter den Linden bis zum Alexanderplatz und weiter bis Friedrichshain.
- **Berliner Wassertaxi Stadtrundfahrten (BWTS),** Tel. 65 88 02 03, www.berlinerwassertaxi.de. Einstündige Rundfahrten ab

Zeughaus und Domaquarée zwischen 10 und 17 Uhr, halbstündlich.

- **Reederei Bruno Winkler,** Tel. 349 95 95, www.reedereiwinkler.de. Drei-Stunden-Rundfahrt über Spree- und Landwehrkanal durch das alte und das neue Berlin. Abfahrt: Schlossbrücke, Charlottenburger Ufer.
- **Reederei Heinz Riedel,** Tel. 693 46 46, www.reederei-riedel.de. Große Citytouren (3,5 Std.) bei Tag und Nacht sowie kurze Fahrten (1,5 Std.) im Zentrum. Ab Hansabrücke, Jannowitzbrücke, Kottbusser Brücke.
- **Stern- und Kreisschifffahrt GmbH,** Tel. 5 36 36 00, www.sternundkreis.de. »Erlebnistouren« auf allen Berliner Gewässern (1 Std. bis ganzer Tag). Ab Hafen Treptow und anderen Stationen.
- **Fahrradstation am Bahnhof Friedrichstraße,** Eingang Dorotheenstr. 30, Tel. (01 80) 28 38 48 48. Fahrradvermietung und geführte Radtouren. 6 weitere Stationen im Stadtgebiet.
- **Call a Bike,** www.callabike.de. Die Mietfahrräder der Deutschen Bahn kann man nach Registrierung nutzen.

Taxi

Taxis können telefonisch bestellt, an Halteplätzen aufgesucht oder auf der Straße angehalten werden. Bei letzterem gilt auf Kurzstrecken (bis 2 km) der »Winketarif« von 4 €.

- **City-Funk:** Tel. 21 02 02
- **Funk-Taxi Berlin:** Tel. 26 10 26
- **Quality Taxi:** Tel. 26 30 00, gebührenfrei Tel. (0800) 2 63 00 00
- **TaxiFunk Berlin:** gebührenfrei Tel. (0800) 44 33 222

Velotaxi

Moderne Elektrofahrrad-Rikschas befahren feste Routen, auch individuelle Touren buchbar: www.velotaxi.com.

Liebe Leserin, lieber Leser,
wir freuen uns, dass Sie sich für diesen POLYGLOTT zu Fuß entdecken entschieden haben.

Unsere Autorinnen und Autoren sind für Sie unterwegs und recherchieren sehr gründlich, damit Sie mit aktuellen und zuverlässigen Informationen auf Reisen gehen können. Dennoch lassen sich Fehler nie ganz ausschließen. Wir bitten Sie um Verständnis, dass der Verlag dafür keine Haftung übernehmen kann.

Ihre Meinung ist uns wichtig. Bitte schreiben Sie uns:
TRAVEL HOUSE MEDIA GmbH, Redaktion POLYGLOTT, Grillparzerstraße 12, 81675 München, redaktion@polyglott.de
www.polyglott.de

2. unveränderte Auflage 2017

Dieses Buch wurde auf chlorfrei gebleichtem Papier gedruckt.
ISBN 978-3-8464-6210-2

Redaktionsleitung: Grit Müller
Verlagsredaktion: Anne-Katrin Scheiter
Autorin: Ortrun Egelkraut
Redaktion: Buch und Gestaltung, Britta Dieterle und Heide-Ilka Weber
Bildredaktion: Ulrich Reißer
Titeldesign: fpm factor product münchen
Layoutkonzept: uteweber-grafikdesign
Karten und Pläne: GeoGraphic Production GmbH
Satz: uteweber-grafikdesign
Herstellung: Anna Bäumner
Druck und Bindung: Drukarnia Dimograf Sp.zo.o. (Polen)

TRAVEL HOUSE MEDIA

Ein Unternehmen der
GANSKE VERLAGSGRUPPE

Bildnachweis:

Coverfoto Blick zum Berliner Dom © laif/hemis.fr/Rene Mattes

40seconds: 149; Adlon Kempinski: 131-1; Berlin Story: 140; Defne Restaurant: 135; DIM/Blindenanstalt Berlin: 141; Flagship Store: 143; Ralf Freyer: 22, 23, 27, 32, 51, 56, 60, 67, 78, 79, 80, 82, 104, 106, 108, 110, 111, 116; Filmmuseum Potsdam/F.J. Leopold: 115; Friedrichstadt-palast/Robert Grischek: 26; Herbert Hartmann: 75; KaDeWe: 42, 145; laif/Amin Akthar: 138; laif/Zenit/Boening: 68, 118, 119; laif/Galli: 76, 99; laif/GAFF/Boris Geilert: 144; laif/Hoehn: 136; laif/Langrock: 44; laif/Dagmar Schwelle: 138; laif/ Gordon Welters: 134; laif/Westrich: 66; laif/Zielske: 11; Lehmann & Blisse: 55; Hans-Peter Merten: 16-1, 64, 126; Metropolphoto/Peters: 122; Pixelio: 127; Pixelio/AKhodi: 10; Pixelio/cornerstone: 35-2; Pixelio/H. Hoppe: 31; Pixelio/Paul Kirchhoff: 40; Pixelio/Marica: 120; Pixelio/Martin Treide-Heuser: 14; Pixelio/www.dieprojektoren.de: 35-1; Guido Schmitz: 59, 71, 84, 95, 107; Schroer's: 86; Theo Schuch: 87; SPSG/Mario Weigt: 48; The Westin Grand/Starwood Archive: 130, 133; Waldmuseum/Gudrun Rademacher: 123; Mario Weigt: 16-2, 18, 19, 30, 39-1, 39-2, 47, 51, 63, 70, 90, 91, 94, 95, 96, 103.